Julia Blum

Bist du Gottes Sohn,
so steig vom Kreuz herab!

Julia Blum

Bist du Gottes Sohn, so steig vom Kreuz herab!

Echad-Verlag

זה הוא ישוע
מלך היהודים
זה גופי - זה דמי

Zum Titelbild

Scherenschnitt von Benjamin Berger, Jerusalem

Texte in hebräischer Schrift:

Auf der am Kreuz angebrachten Tafel:

זה הוא ישוע מלך היהודים
Das ist Jesus, König der Juden. Mt 27,37

Am Kreuzbalken:

עבדי אתה ישראל אשר בך אתפאר
Du bist mein Knecht, Israel, an dem ich meine Herrlichkeit zeigen will. Jes 49,3

Hinter dem Corpus:

הן עלכפים חקתיך חומתיך נגדי תמיד
Ich habe dich gezeichnet in meine Hände, deine Mauern habe ich immer vor Augen. Jes 49,16

Ganz unten:

זה גופי – זה דמי
Das ist mein Leib – Das ist mein Blut. Mt 26,26

Die vier Buchstaben in den Ecken
ergeben das hebräische Wort נשלם – ‚vollbracht'. Joh 19,30

Übersetzung aus dem Russischen:
Ruth Frösch
Textbearbeitung:
Walter Siegenthaler
Die Bibelstellen wurden, wenn nicht anders vermerkt, der Einheitsübersetzung entnommen.
Umschlaggestaltung:
Renate Kempe, pixel+punkt, Stetten, unter Verwendung des Bildes von Benjamin Berger, Jerusalem
Layout: pixel+punkt, Mellingerstraße 32, CH-5608 Stetten
Druck: St.-Johannis-Druckerei, C. Schweickhardt GmbH, Heiligenstraße 24, D-77933 Lahr

ISBN 3-905518-07-4

Auslieferung: Echad-Verlag, Langenthalstraße. 7, Postfach 39, CH-3367 Thörigen
Mail: echad@infovita.ch

1. Auflage 2005

Inhaltsverzeichnis

Um Zions willen
kann ich nicht schweigen,
um Jerusalems willen
nicht still sein,
bis das Recht in ihm aufstrahlt
wie ein helles Licht
und sein Heil aufleuchtet
wie eine brennende Fackel.

Jesaja 62,1

So spricht Jahwe:
Israel ist mein erstgeborener Sohn.

2. Mose 4,22

Vorwort
des Herausgebers

Die Auseinandersetzungen um das jüdische Volk und in ihm selbst nehmen kein Ende. Im Gegenteil. Sie verschärfen sich. Auf weltpolitischer Ebene haben sich sogar »die großen Vier« (1) im Bestreben um eine Lösung der ausstrahlenden Spannungen vereinigt. Auch im Innern Israels hat der Kampf um den Charakter des Staatswesens zugenommen. Im Kern geht es um die Identitätsfrage Israels und um das Selbstverständnis des Judentums. Wie will und soll Israel sein? Ein Staat wie jeder andere oder einer, der an seiner Einzigartigkeit, in der Geschichte Bundespartner des Gottes Abrahams, Isaaks und Jakobs zu sein, festhält?
In diesem Ringen um die Zielvorstellungen jüdischer Existenz spielt die Holocaust-Thematik eine zentrale Rolle. Warum war und ist das Volk mit so viel Leidenserfahrungen konfrontiert? Wären die ständigen Bedrohungen antisemitischer Prägung zu vermeiden, oder sind sie eine nicht abzuschüttelnde Begleiterscheinung der Besonderheit Israels? Wie ist damit umzugehen? Wie sind sie zu deuten?

Ich bin sehr dankbar, gibt es zu diesem brisanten und ernsten Fragenkomplex dieses Buch von Julia Blum. Es kann existentiell Betroffenen neue Perspektiven eröffnen. Es bietet aber ganz besonders uns Christen, die wir durch unseren Glauben und unsere Geschichte mit dem jüdischen Volk schuld- und schicksalhaft verbunden sind, entscheidende Hilfe. Es ist ein spezieller Beitrag, denn er nimmt die Mahnung des Apostels Paulus im Blick auf die Deutung des Geschichtsweges Israels in Römer 11,25 ernst. Diese sagt, wir sollen uns dabei »nicht auf eigene Einsicht verlassen«, denn es handle sich um ein Geheimnis. Gott selbst musste es damals Paulus offenbaren – und er muss es in der fortschreitenden Geschichte auch uns enthüllen, damit wir ihn verstehen. Was uns die Autorin in ihren Ausführungen vorlegt, sind Einsichten, die sie im Ringen um Weisung von Gott durch sein Wort und seinen Geist erhalten hat. Ihre Auslotung biblischer Texte ist spannend und sehr einladend, sich selbst in Offenheit und Demut auf den Weg geistlichen Sehens, Hörens und Prüfens zu begeben.

Es freut mich, einmal mehr zu erfahren, wie hilfreich für uns Nichtjuden die Schriftauslegungen messianisch-jüdischer Gläubiger sind. Ich danke Julia Blum für das Anvertrauen ihres in Russisch verfassten Manuskripts. Die Wiederaufnahme herausgeberischer Tätigkeit nach längerer Pause fiel mir nicht leicht. Allen, die mich ermutigt und unterstützt haben, danke ich herzlich. Ein besonderer Dank gilt Walter Siegenthaler für seine wertvolle Mitarbeit und meiner Frau Ursula für das Mittragen der übernommenen Verantwortung.

Robert Währer

(1) die EU, die UNO, die USA und Russland

Vorwort

von Reuven Berger, Jerusalem

»Er tat seine Wege kund dem Mose,
den Söhnen Israel seine Taten.«
Ps 103,7

Wir leben in einer Zeit, da die Mehrheit von Gottes Kindern Gott durch seine Taten, aber nur eine Minderheit ihn durch seine Wege kennt. Dies ist ein Zeitalter, in dem so viel Gewicht auf die äußeren Dinge, hingegen wenig auf die innere Realität des Herzens gelegt wird. Das trifft nicht nur auf die Welt zu, sondern leider auch auf die Kirche, die in hohem Maß vom Denken der Welt beeinflusst wird. In mancher Hinsicht sind wir Gläubige ein oberflächliches Volk geworden. Wir kennen Gott viel mehr durch das, was er tut, als durch das, wer er ist. Das hat dazu geführt, dass wir Gott oft falsch beurteilen und die Wege, auf denen er in unserem Leben und in dem von andern wirkt, missverstehen.

In ihrem Buch »Bist du Gottes Sohn, so steig vom Kreuz herab« nimmt Julia Blum uns mit auf eine Pilgerreise in das Herz Gottes. Ihre Darstellung von Gottes geheimnisvoller Beziehung zu Israel, seinem Sohn, öffnet unsere Augen für eine neue Dimension von Gottes Liebe. Diese wird vielen helfen, zu einem tieferen Verständnis seines Wesens und seiner Wege zu gelangen, auf denen er sich durch seine Liebesbeziehung zu Israel mit seiner besonderen Berufung und Erwählung offenbart.

Nicht nur in der Gegenwart, sondern durch das ganze christliche Zeitalter hindurch ist das Verständnis für Gottes Beziehung zu Israel für die Welt und die Kirche weitgehend verschleiert geblieben. Daher haben beide Gott und Israel falsch eingeschätzt. Dieses Fehlurteil war nicht nur einer falschen Theologie zuzuschreiben, die über Jahrhunderte hin zu der abscheulichen Verfolgung und Ermordung von Massen von Juden führte, sondern war die giftige Frucht einer verdrehten Sicht von Gottes Wesen und seinen Wegen mit Israel. In der Tat zeigte diese Blindheit nicht nur, wie wenig die Kirche Gottes geschriebenes Wort verstand, sondern letztlich, wie weit sie dem lebendigen Wort Gottes, Jeshua, dem König von Israel und ihrem eigenen Herrn, entfremdet war. Dieser Schleier von Stolz, Selbstgerechtigkeit und Antisemitismus ließ sie in eine lange Periode der Dunkelheit und Treulosigkeit verfallen. Hätte die Kirche das wahre Bild Jeshuas gesehen und seine Liebe verstanden, die sich am Kreuz offenbart hat, dann hätte sie Gottes Umgang und Weg mit Israel viel besser begreifen können.

Während Gott seine Braut wiederherstellt und Israel seine leidvolle Reise bald beendet und zur vollen Erlösung gelangt, wie wichtig ist es da, dass die Braut zu guter Letzt mit dem Herzen des Bräutigams vereinigt wird und lernt, ihm auf seinen Wegen nachzufolgen und Israel mit viel Feinfühligkeit und großer Liebe auf seinem schwierigen letzten Wegstück zu begleiten, bevor es schließlich in seinen messianischen Sabbat eintritt.

Die Bibel enthält viele Widersprüche, die für das griechische Denken unauflösbar sind. Die westliche Welt und das christliche Verständnis sind in großem Maß vom griechischen und kartesianischen Denken beeinflusst worden. Die Bibel ist ein Buch, das hauptsächlich von Juden geschrieben wurde, die von Gott beauftragt waren, seine Aussprüche der Menschheit zu übermitteln. Gott hieß sie nicht, die Widersprüche und Mehrdeutigkeiten in seinem Wort auf logische oder systematische Weise zu erklären. Gott will die tiefen Dinge seines Herzens durch seinen Geist nur den wahrhaft demütigen und gehorsamen Suchern offenbaren, die ihn lieb haben. Er will sich allein denen zu erkennen geben, die, wie Julia Blum es ausdrückt, »in der Kammer« mit ihm Gemeinschaft pflegen. In diese innere Kammer ruft uns dieses Buch. Hier werden wir auf den Herzschlag Gottes eingestimmt und beginnen den Unterschied zu verstehen zwischen dem, was innerlich und unsichtbar und Gott allein bekannt ist, und dem, was äußerlich und für die Menschen sichtbar ist. Hier beginnen wir den großen Unterschied zwischen der himmlischen und der irdischen Sicht von Gottes Handeln zu sehen, und diese göttliche Sicht offenbart sich nur im inneren Heiligtum. Weil die Kirche das Wesen von Israels Erwählung und priesterlicher Berufung und die tiefsten Gefühle von Gottes Herzen für Israel nicht verstanden hat, ist sie für einen großen Teil von Israels Leiden verantwortlich geworden. Das hat sowohl Israel wie auch die Kirche ungeheuer viel gekostet.

Aus dem Neuen Testament geht deutlich hervor, dass die Urkirche aus gläubigen Israeliten bestand, die erkannten, dass Jeshua Israels Messias ist, die Erfüllung aller Verheißungen, die Gott Israel gegeben hat, und der Eine, der Israel in das versprochene Erbe des Neuen Bundes bringen wird. Die jüdischen Apostel, die das Evangelium den Völkern brachten, wussten, dass sie einen Teil von Israels Berufung erfüllten, ein Licht für die Nationen zu sein.

Es ist jedoch unbestreitbar, dass die Mehrheit des jüdischen Volkes den Messias ablehnte und dass die religiöse Führerschaft Israels weitgehend für seine Kreuzigung durch die Römer verantwortlich war. Beim Lesen der Apostelgeschichte können wir die Tatsache nicht übersehen, dass Juden die ersten Verfolger der frühen jüdischen und nichtjüdischen Gemeinden waren. Als Folge davon ließ Gott es zu, dass durch die Römer große Gerichte über sein Volk hereinbrachen und Israel generationenlang eine Verlassenheit von Gott erlebte, das man einzig mit den Worten Jeshuas am Kreuz vergleichen kann: »Mein Gott, mein Gott, warum hast du mich verlassen?« Das waren auch die letzten Worte vieler Juden, während sie die Gaskammern in Osteuropa betraten.

Es wäre falsch, die Leiden Israels völlig von der Realität der großen Sünde unseres Volkes gegen Gott und von der harten Züchtigung, die über uns als sein Volk gekommen ist, trennen zu wollen. Gott, der seine Wiederherstellungspläne für Israel in unseren Tagen erfüllt, ist daran, sein Volk zu dem großen Versöhnungstag, dem Yom Kippur, zu führen, an dem Israel den sehen wird, den es durchbohrt habt. Dann wird im Land große Trauer sein um Israels gekreuzigten erstgeborenen Sohn. Darauf wird eine große Reinigung, Heilung, Befreiung und Erlösung folgen, die Israel die völlige Wiederherstellung bringen werden. Wir sehnen uns nach diesem großen Tag!

Julia Blum fasst einen andern Aspekt von Israels Leiden ins Auge, der nicht nur für Israel, sondern auch für fast die gesamte Kirche durch alle Generationen hin verborgen geblieben ist. In ihrem Buch fordert uns die Autorin heraus, die Geschichte der Erwählung Israels nicht nur aus der Perspektive des Gerichts zu betrachten, sondern auch unter dem Blickwinkel von Israels Sohnschaft und priesterlicher Berufung.

Anhand der biblischen Berichte über Isaak, Hiob, Josef und seine Brüder sowie Lazarus von Bethanien zeigt Julia Blum den Unterschied auf zwischen dem, was dem menschlichen Herzen als Realität erscheint, weil es Gott bloß aus seinem Tun kennt, und dem, was letztlich Realität ist im Licht des inneren Heiligtums, wo wir die Geheimnisse Gottes und die verborgenen Beweggründe seines Herzens erkennen. Wir sehen deutlich den Gegensatz zwischen Gottes tiefer Herzensbeziehung zu den Dienern, die unter seiner Hand leiden, und dem, wie sie und ihre Umgebung mitten in dem Leid Gottes Beziehung zu ihnen nicht mehr richtig verstehen. Die Autorin erläutert bis ins Einzelne und in die Tiefe die Geschichten von Isaak, Hiob, Josef, Benjamin und Lazarus und zeigt, wie diese Geschichten gleichnishaft die Geheimnisse von Israels Erwählung darstellen. Dem Leser wird der erlösende Aspekt von Israels Leiden klar, und er versteht das Geheimnis besser, wie Gott in seiner Liebe das ihm Teuerste opfert.

Offensichtlich bestehen wesentliche Unterschiede zwischen dem Leiden von Jeshua, dem sündlosen Lamm Gottes, und dem Leiden von Israel, Gottes immer noch widerspenstigem Sohn. Anderseits gibt es zwischen den beiden tiefe und bedeutungsvolle Parallelen, die uns erkennen lassen, dass wir auf heiligem Boden stehen, vor einem Geheimnis Gottes, das seinem liebenden Herzen wertvoll und teuer ist. Während Gott ein Gott zu sein scheint, der sich seinem Volk durch äußerst schwere Strafgerichte entgegenstellt, sehen wir, dass das, was er tief im Herzen fühlt, dem scharf widerspricht, was er tut. Der Glaube wird dadurch zu der Herausforderung, Gottes Liebe zu erkennen und ihr zu vertrauen, auch wenn sein Handeln das Gegenteil aussagt.

Die Verfasserin spricht über die große Spannung zwischen unserer Vorstellung davon, wie Gott seine Liebe offenbaren sollte, und der Art, wie er sie tatsächlich verbirgt. Josef hält sich zurück und zeigt Benjamin seine große Liebe nicht, sondern weint allein in seiner Kammer. Jesus hält sich zurück und verbirgt seine Liebe zu Lazarus, indem er kein Heilungswunder vollbringt. Erst am Grab verraten seine Tränen, wie er im Herzen fühlt. So hält sich Gott zurück und zeigt seine Liebe zu Israel nicht. Diese Liebe wird auch in den Geschichten von der Opferung Isaaks und den Prüfungen Hiobs dargestellt. Gottes rätselhaftes Zurückhalten seiner Liebe scheint mit allem Nachdruck zu sagen, er habe Israel aufgegeben und verlassen. Bisweilen sieht es aus, als sei er Israels schlimmster Feind. Das Buch erklärt einige der Gründe für diese zurückgehaltene Liebe Gottes. Nicht nur Israel leidet, sondern Gott selbst leidet mit seinem Sohn Israel, während er beharrlich seinen Plan ausführt. Wenn seine Absichten ihr Ziel ganz erreicht haben, wird das Leiden in Herrlichkeit verwandelt und der Tod zum Weg werden, der zur Umgestaltung und zum Auferstehungsleben führt. Die Bibel zeigt uns auch, wie Israels Leiden einen erlösenden und priesterlichen Auftrag in Bezug auf Gottes Plan für die Nationen erfüllt. Um dies zu verstehen, müssen wir das Ziel der Erwählung Israels erkennen und uns die parallel laufenden Wege von Gottes Sohn Jeshua und Gottes Sohn Israel vor Augen halten. Nur Jeshua kann uns dieses Geheimnis enthüllen!

Richtig verstanden können die Geheimnisse von Gottes Herzen, die in diesem Buch entschleiert werden, für die Braut Jeshuas ein kostbarer Schatz und ein Schlüssel zum Verständnis der Wege Gottes mit Israel werden. Das wird ihr helfen, Jeshua und Gottes Volk Israel treu zu bleiben in den letzten Jahren des gegenwärtigen Zeitalters vor seiner Wiederkunft in Herrlichkeit.

Die Welt, Israel selbst und der Großteil der Kirche wird sicher wieder meinen, Israel werde wie ein Lamm zur Schlachtbank geführt und, von der Welt verachtet, zur totalen Vernichtung ans Kreuz gebracht. Der heute rasch anwachsende Antizionismus und Antisemitismus (die letztlich das gleiche Anti- sind), werden die Triebfeder eines letzten Versuches sein, die Endlösung der Judenfrage herbeizuführen und die Existenz der unerwünschten Juden und der jüdischen Nation zu beenden. Weil das jüdische Volk Gottes Volk ist, wird die Welt dafür keinen Platz finden. Sie wird vernünftige politische Erklärungen vorschieben, um ihr Vorgehen gegen die Juden und gegen Israel zu rechtfertigen. Der Geist von Amalek wird sich in letzter Wut erheben, um das jüdische Volk auszulöschen.

Julia Blums Buch bietet der Braut des Messias eine neue »road map« aus dem Herzen Gottes, die es ihr erleichtert, den Weg durch die letzte Zeit zu finden. Indem die Braut echte, opferbereite Liebe zum Messias und zu seinem Volk Israel zeigt und bereit wird, sich um jeden Preis bis zuletzt zu Israel zu stellen, wird Israel schließlich zur Eifersucht gereizt werden, weil es die Echtheit der Liebe von Jeshua in denen erkennt, die sich nach seinem Namen nennen. Durch die Liebe des Messias, die in seiner Braut sichtbar wird, und durch das Licht des Heiligen Geistes, das sich über seinen Leidensweg ergießt, wird Israel Jeshua erkennen, den leidenden Gottesknecht, der das Geheimnis Israel voll und ganz verkörpert und offenbart. Wenn Israel ihn sieht, wird es zuletzt die Bedeutung seiner Erwählung und Berufung, seine Geschichte, sein Leiden und seine Erlösung verstehen. Es wird endgültige Befreiung zum Auferstehungsleben, zur Umgestaltung in Herrlichkeit und zur Vereinigung mit seinem König und Herrn erleben. Ich bin Gott dankbar, dass wir aus der jungen messianischen Gemeinschaft, die er nach 2000 Jahren in Israel wiederherstellt, tiefe Dinge aus Gottes Herzen empfangen konnten durch das Buch dieser Tochter Zions, das uns weit über das hinausführt, was die meisten Bücher über Israel uns geben können. Trotz seines Tiefgangs ist das Buch verständlich geschrieben. Es ist keine theologische Abhandlung, sondern macht Gottes Wort sehr lebendig. Die Autorin, zusammen mit ihrem Gatten Victor, ihrer Familie und der messianischen Gemeinde, der sie in Jerusalem vorstehen, erlebt hautnah den Anfang der messianischen Geburtswehen des neuen Staates Israel. Die ständig zunehmenden Schwierigkeiten und Nöte im Land werden schließlich auch das Geschick der jüdischen Menschen in der Diaspora stark beeinflussen.

Inmitten von Angst und Schmerz, Verlassenheit und Verrat, die Israel durchzumachen hat, wird sich das Licht der Erlösung immer deutlicher zeigen durch die einheimische messianische Gemeinschaft, die Gott gegenwärtig in Israel wieder erstehen lässt. Diese Gemeinschaft ist eine Erstlingsfrucht, die die Erfüllung der Verheißung bestätigt, dass noch ganz Israel gerettet werden soll. »Bist du Gottes Sohn, so steig vom Kreuz herab« zeigt deutlich, dass für Israel, das seinen Namen von Gott auf Grund der ewigen Absichten seiner Liebe erhalten hat, das Leiden nicht das Letzte ist. Jeshua wird sich in seiner Herrlichkeit in Gottes erstgeborenem Sohn Israel offenbaren, den er herausgerufen hat, um sein Eigentum zu sein, den er zuvor erkannt und dazu bestimmt hat, dem Bild seines erstgeborenen Sohnes Jeshua gleichgestaltet zu werden.

Es ist prophetisch, dass Gott aus den gegenwärtigen Leiden in Zion heraus immer mehr zu seiner Kirche unter den Nationen spricht, und zwar durch die natürlichen Nachkommen Abrahams, die er durch Israels Messias zu neuem Leben erweckt. Die Herausgabe dieses Buches gibt der Gemeinde in dieser kritischen

Stunde der Geschichte Israels eine neue Gelegenheit, aus Jerusalem eine Stimme in der Wüste zu hören, die ein lange verdunkeltes Thema in neues Licht stellt. Alle, die den König der Juden lieb haben, fordert sie auf, ihm selbst und Israel treu zu bleiben und dem Lamm nachzufolgen, wohin es auch geht. Möge Gott bald seine Herrlichkeit von neuem in Zion wohnen lassen und den Tag von Israels Erlösung schnell herbeiführen.

Reuven Shel ha'Seh Berger
Ein Kerem, Jerusalem
Mai 2004

Prolog

»…Nimm deinen Sohn, deinen einzigen,
denn du liebst, Isaak, geh in das Land Morija,
und bring ihn dort auf einem der Berge,
den ich dir nenne, als Brandopfer dar.«
1Mo 22,2

»Was noch verborgen ist, steht bei dem Herrn, unserem Gott. Was schon offenbar ist, gilt für uns und unsere Kinder auf ewig: dass wir alle Bestimmungen dieser Weisung halten sollen.«[1] So spricht Gott in seinem Wort. Die Wechselbeziehung zwischen dem Verborgenen, das immer noch Gott gehört, und dem Offenbarten, das er uns geöffnet hat, damit wir sein Wort erkennen und erfüllen, ist dank seiner Gnade nicht erstarrt oder versteinert, sie lebt und verändert sich. Ich spreche nicht von einer fortlaufenden Zunahme der Menge dessen, was Gott dem Menschen offenbart, die Bewegung des Geistes Gottes ist nicht eine fortlaufende; ich spreche davon, dass der lebendige Herr auch heute durch sein lebendiges Wort zu uns spricht und auch heute fortfährt, Verborgenes zu offenbaren.

In diesem Sinn schauen wir auf jenen Berg, auf dem eines der seltsamsten Ereignisse Israels geschehen ist: Der alte Vater legt seinen unendlich geliebten Sohn, den er mit eigenen Händen gebunden hat, auf einen Opferaltar und streckt schon seine Hand nach dem Messer aus, um ihn zu töten. Da wird er von einer Stimme vom Himmel aufgehalten. Er hebt seinen Kopf und sieht einen Widder, der sich mit den Hörnern im Gestrüpp verfangen hat. Diesen Widder opfert er nun anstelle seines Sohnes, der eigentlich zum Opfer vorbestimmt war.

Wenn wir nun aus der erhabenen Höhe von Jahrtausenden zeitlicher Distanz auf diesen Berg und die drei Gestalten hinab- und zurückblicken, überkommt unser Herz ein leises Beben ob der fast greifbaren Nähe dieses besonderen *Geheimnisses*, ob der Ahnung eines unglaublich wichtigen, nur teilweise verstandenen, noch nicht *offenbarten* Mysteriums Gottes. Hier berühren wir etwas, was zweifellos immer noch Gott gehört. Doch die innere Erregung bezeugt uns, dass dieses Bild wie eine Vorschau auf Gottes Absichten und Pläne für die Geschichte der Welt ist. Diese Schlachtung des Opferlammes, die vielleicht vor Beginn der Zeit geschehen ist, sprengt alle Grenzen der Geschichte und der Zeit.

Wussten Sie, dass jedes Jahr an Rosh HaShana, am jüdischen Neujahr, in den Synagogen die »Akeda«, die Geschichte von der Bindung Isaaks, gelesen wird? Warum? Warum ist sie so wichtig für uns, dass wir uns am Anfang jedes neuen Jahres mit ihr auseinander setzen? Warum musste der Vater seinen Sohn opfern? Und was bedeutet dieser Widder, der sich mit seinen Hörnern im Gestrüpp verfangen hatte? In der Hagada fand ich eine interessante Stelle: »Hinter dem himmlischen Vorhang hervor hörte ich die Worte: Nicht Isaak, sondern der Widder ist für das Brandopfer bestimmt.«[2]

Es gibt Kapitel in der Bibel, die für den Menschen beinahe unerträglich sind. Das Kapitel 22 im Buch Bereshith (1Mo) gehört sicher dazu. Als ich zum Glauben kam, hatte ich schon selbst Kinder. Doch auch dann, als ich das Wort Gottes kennen und lieben gelernt hatte, blätterte ich noch lange immer schnell über dieses Kapitel hinweg. Wie man als Kind in seinem Lieblingsbuch immer jene Seiten überspringt, die man fürchtet, obwohl man genau weiß, was dort geschieht, so gab ich mir immer Mühe, diese Seiten auszulassen. Ich hatte Angst, dass mich auch nur ein flüchtiger Blick auf diese schreckliche Geschichte verletzen würde, in der Abraham aus Gehorsam gegen Gott seinen Sohn auf den Berg Morija führt, um ihn dort zu opfern. Es musste eine ziemlich lange Zeit vergehen, bevor ich sie lesen, darüber nachdenken und beten konnte, bevor ich dem Herrn erlaubte, mit mir über diese

Geschichte und zu mir durch diese Geschichte zu sprechen. Es dauerte lange, bis ich die Kraft hatte, mir diese zwei Personen vorzustellen: Vater und Sohn steigen miteinander auf den Gipfel, auf dem jeder von ihnen, im Gehorsam gegenüber Gott, das Seine erleben und vollbringen muss, die eigene Qual, das eigene Opfer, das eigene Sterben, das, was für jeden von ihnen zum Höhepunkt werden soll. *»Gott, der Herr, ist meine Kraft. Er…lässt mich schreiten auf den Höhen«*[3] – sagt Gottes Wort. Und wirklich, dieses ganze Kapitel ist wie ein Aufstieg auf jene für den Menschen unzugängliche, nicht vorstellbare Höhe, auf die nur der Herr hinaufführt: von der ersten Höhe, auf welcher Abraham auf Gottes Ruf antwortete: *»Hier bin ich«,* obwohl er nicht wusste, was ihn erwartete, bis hin zur letzten, unvorstellbaren Höhe, auf welcher *»Abraham seine Hand ausstreckte und das Messer nahm, um seinen Sohn zu töten.«*

Wer hatte es schwerer in dieser Geschichte, der Vater oder der Sohn? Jener, der mit eigener Hand seinen geliebten Sohn zum Opferaltar führte, oder jener, der ahnungslos zur Schlachtung geführt wurde? Es ist interessant, dass uns die Heilige Schrift einen ausführlichen Tatsachenbericht gibt, ohne ein Wort über das, was in der Seele dieser zwei vor sich geht, zu verlieren. Das aber bedeutet absolut nicht, dass ihm, dem in allen Leiden erprobten Herrn, unser Erleben gleichgültig ist. Wesentlich ist letztendlich – und das wird auch in die himmlische Chronik eingehen – unser Gehorsam ihm gegenüber und nicht, wie viel uns das kostet. Man kann nur erahnen, was im Herzen des Vaters vor sich ging, als sie unterwegs waren. Abraham wusste, warum er *Feuer und Messer* mitgenommen hatte. Er wusste, was auf ihn wartete und warum er das tat. Dort hätte er, wie Jahrtausende später Jeshua, sagen können: *»Jetzt ist meine Seele erschüttert. Was soll ich sagen: Vater, rette mich aus dieser Stunde? Aber deshalb bin ich in diese Stunde gekommen.«*[4] Der Vater wusste nur zu gut, **was ihn erwartete** und **warum** er auf diesen Berg stieg. Der Sohn hingegen wusste absolut nichts. Offensichtlich staunte er und verstand überhaupt nicht, was hier vor sich ging, und fragte sich, **wo denn das Lamm für**

das Brandopfer sei. Doch er folgte seinem Vater ohne zu murren, voll Vertrauen, in ganzem Gehorsam, **»...wie ein Lamm, das man zum Schlachten führt«**[5]. Stellen Sie sich den Knaben vor (obwohl Isaak nach einigen Berechnungen schon mehr als 30 Jahre alt gewesen sein musste, war er doch der völlig gehorsame, von seinem Vater abhängige Sohn), wie er, mit einem schweren Bündel Holz auf dem Rücken, gehorsam hinter seinem Vater auf den Berg steigt. Er hat nicht die geringste Ahnung, was ihn dort erwartet. Er liebt seinen Vater und weiß, dass sein Vater ihn auch liebt. Er kann sich nicht vorstellen, dass sein Vater ihm irgendetwas antun könnte, was dieser väterlichen Liebe widersprechen würde. Denken wir einmal darüber nach, was Isaak empfinden musste, als sein Vater, dessen Liebe die unerschütterliche Grundlage seines Lebens war, ihn fesselte, ihn auf den Opferaltar legte und die Hand mit dem Messer über ihm erhob... Stellen Sie sich das Entsetzen in den Augen Ihres Kindes vor, wenn Sie so an ihm handeln würden – das Entsetzen nicht vor allem angesichts des Todes, sondern das Entsetzen über die völlige Unbegreiflichkeit dessen, was mit seiner Liebe geschehen ist. Dieses Entsetzen erlebte der geliebte Sohn Abrahams in seiner ganzen Tiefe. Damit war die Prüfung abgeschlossen.

In dieser Geschichte leuchtet ein unglaubliches, unbeschreibliches Geheimnis auf. Das Geheimnis der Beziehung zwischen Vater und Sohn wird uns auf diesem Weg Schritt für Schritt enthüllt. Denken wir darüber nach: Das ist ein Weg, auf dem der Vater eigenhändig seinen Sohn führt. Der Weg, den Isaak als Sohn beschreitet und der auf dem Opferaltar endet. Das ist der Weg, **auf dem der Sohn zum Lamm wird** – und niemand anders als der Vater selbst führt ihn zur Schlachtung. Er, der bis jetzt einfach der geliebte Sohn war, wird auf diesem Weg zum Lamm, das sein Vater opfern will. Und das Unfassbare, Qualvolle und Tragische daran ist, dass der Sohn von all dem nichts weiß. Er weiß einfach, dass sein Vater ihn liebt. Doch mit jedem Schritt nähert er sich dem Opferaltar, wird immer mehr zum Lamm. Der Vater führt den Sohn mit einem von Schmerz zerrissenen Herzen zur Schlachtbank. Darin liegt das

Geheimnis, das Mysterium des väterlichen Planes, der väterlichen Liebe, der väterlichen Erwählung, **das Geheimnis der Sohnschaft.**

Man pflegt Isaak, der von seinem Vater zum »Mizbeach«, zum Opferaltar, geführt wird, als Urbild des Sohnes Gottes zu betrachten, der zur Kreuzigung geführt wird: *»Denn Gott hat die Welt so sehr geliebt, dass er seinen einzigen Sohn hingab...«*[6] Ist das richtig? Jene unendliche innere Dramatik, mit der der äußerlich ruhige Aufstieg Isaaks für uns gefüllt ist – der vom Vater geführte Sohn ahnt nicht einmal, dass er das Opferlamm sein wird, – fehlt vollständig in der Geschichte von Jeshua. Der Sohn, der vom himmlischen Vater zum Opfer gebracht wurde, ging den Weg zum Altar bewusst und freiwillig: *»Deshalb liebt mich der Vater, weil ich mein Leben hingebe, um es wieder zu nehmen. Niemand entreißt es mir, sondern ich gebe es aus freiem Willen hin.«*[7] Er wusste sehr gut, dass Er vom Anfang der Welt dazu bestimmt war, das Opferlamm zu sein. Er kannte seinen ganzen irdischen Weg, der auf Golgatha enden sollte, sehr gut. Er wusste, was ihn erwartete. Vielleicht ist das noch schwerer. Doch auf alle Fälle ist das eine andere Geschichte, eine andere Erwählung: Isaak ging gehorsam mit, wohin sein Vater ihn führte. Er wusste nicht, wo das Brandopfer war, und er ahnte nicht, dass er es sein werde.

Isaak steht für Israel, das vom himmlischen Vater zum Opferaltar geführt wird. Israel, das sehr gut weiß, dass es der geliebte Sohn ist, das aber immer noch nicht verstanden hat, dem noch nicht offenbart wurde, dass der unendlich liebende Vater es selber zum Opferlamm macht und auf diesem Weg zur Schlachtung führt. Das ist kein Treubruch, kein Verrat. Das ist das Geheimnis der Sohnschaft und der Erwählung, das Geheimnis der göttlichen Liebe. Israel, dem der Plan Gottes noch nicht eröffnet, noch nicht klar ist, geht auf dem Weg, den der Vater es führt, ohne zu verstehen, ohne fassen zu können. Israel ist dazu verurteilt, den ganzen Weg bis fast zum Ende zu gehen, den ganzen Schrecken des Nichtverstehens dessen, was

mit dem Vater und seiner Liebe geschehen ist, zu erleben, bevor die über ihm erhobene Hand mit dem Messer zurückgehalten wird. Israel, das von Gott »mein erstgeborener Sohn« genannt wird, ist in dieser Eigenschaft als Sohn erwählt für eben diesen Opferweg. Im Unterschied zum Sohn Gottes, der von Anfang an wusste, dass er auf diese Welt gekommen war, um für andere zu sterben, bleibt Israel in völliger Unkenntnis, stets entsetzt darüber, dass es nicht fähig ist, das zu verstehen, was sein himmlischer Vater mit ihm macht. Und dennoch geht es den kummervollen Weg seiner Auserwählung zum Opfer um anderer Völker willen. Dies meint der Apostel Paulus, wenn er sich an die Nationen wendet: *»Sie* (die Israeliten) ***sind Feinde Gottes … um euretwillen«*[8].**

Wenn davon gesprochen wird, dass alles, was mit Israel geschieht, die Strafe für seine Sünden und seinen Abfall von Gott ist, dann denke ich an diese Geschichte von Abraham. Ja, jeder liebende Vater straft sein Kind – darauf ist die biblische Erziehung aufgebaut. Doch es gibt einen Unterschied zwischen Strafe und dem, was Abraham getan hat. Ihr Kind wird weinen und sich fürchten, wenn Sie es strafen, obwohl Strafe ohne weiteres in seine Vorstellung vom Vater gehört. Wenn Sie aber, wie Abraham, die Hand ausstrecken, um ihren Sohn zu töten, ihn zu opfern, dann ist das nicht Strafe, dann ist das Opferung. Das Grauen in den Augen Ihres Kindes drückt nicht nur die Angst vor dem Tod aus, sondern vielmehr das Entsetzen über das Unverständnis dessen, was mit Ihnen und Ihrer Liebe zu ihm geschehen ist. Es ist kein Zufall, dass an jedem Rosh-HaShana, jedem Neujahr, der Abschnitt »Akeda«, die Bindung Isaaks, gelesen wird. Israel schaut auf diese Geschichte mit gemischten Gefühlen der Angst und der Verwunderung. Es versteht, dass sie irgendeine besondere Bedeutung für sein Schicksal hat, doch es ist noch nicht dahinter gekommen, dass es in einen Spiegel schaut. Diese Szene, der Aufstieg auf den Berg und alles, was dort geschah, ist wie ein Blick aus der Vogelschau auf unsere Geschichte, auf die Jahrhunderte alte Geschichte und auf die Geschichte jedes neuen Jahres. Auch wenn wir es selbst nicht verstehen, das ist die Hauptsache, die wir uns zu Beginn jedes neuen Jahres sagen müssen: Es geht um unseren Aufstieg, unsere Fesselung und unsere Opferung. Wie im Hebräerbrief von Levi geschrieben steht, so können auch wir sagen, dass Israel in der Gestalt von Isaak zur Schlachtung geführt wurde, »denn wir waren ja noch in den Lenden des Stammvaters«, als Isaak zum Opfer gebracht werden sollte[9]. Das vom Vater gefesselte Israel liegt so lange auf dem Opferaltar, wie die Prüfung andauert.

In dieser Szene ist nicht nur der Prolog zur Geschichte Israels, sondern zur Geschichte der Menschheit überhaupt enthalten. In ihr liegt sozusagen das ganze Vorhaben, der ganze Plan Gottes für die Menschheit. Nicht zufällig wird der Ort, wo das alles geschah, später zum zentralen Brennpunkt Gottes für die ganze Welt. Es ist der Berg Morija, der Tempelberg in Jerusalem, auf dem einst jener Tempel gebaut wird, der mit Gottes Herrlichkeit erfüllt sein wird. *Gott wird sich das Opferlamm aussuchen,* sagte Abraham zu Isaak. Und obwohl wir dort auf dem Berg am Anfang nur zwei Beteiligte sehen können, Abraham und Isaak, so wissen wir doch aus dem Verlauf der Ereignisse, dass noch jemand dort ist: *der Widder, der sich mit seinen Hörnern im Gestrüpp verfangen hat,* das Lamm, das Gott sich zum Brandopfer bestimmt hat. Weder Abraham noch wir sahen, wie er dorthin kam. Er **war** einfach dort, ganz von Anfang an. Jüdische Quellen sagen, dass dieses Lamm, der Widder, vor Erschaffung der Welt geschlachtet worden war. Das ist der Grund, weshalb bei jeder Erneuerung des Jahres diese außerhalb und über den Zeiten stehende Geschichte gelesen wird. In ihrem Licht können wir erkennen, dass in Gottes Rettungsplan für die Menschheit am Anfang zwei Beteiligte waren: Gott und Israel, das er »seinen erstgeborenen Sohn« nennt. Als jedoch *»die Zeit erfüllt war«,* zeigte es sich, dass da auch noch das Lamm war, das schon vor Erschaffung der Welt zum Brandopfer bestimmt gewesen war. Erinnern Sie sich an die Stelle aus der »Hagada«, die ich schon zitiert habe: »Hinter dem himmlischen Vorhang hervor hörte ich die Worte: Nicht Isaak, sondern der Widder war für das Brandopfer vorbestimmt«. Das Lamm, das schon vor Grundlegung der Welt geschlachtet wurde, nimmt die Stelle dessen auf dem Opferaltar ein, den Gott selbst seinen erstgeborenen Sohn genannt hat.

Das Erlösungsopfer des Lammes ist die Grundlage aller Grundlagen, auf der sich der persönliche Glaube und die persönliche Rettung jedes wiedergeborenen Gläubigen, *»zuerst der Juden, aber ebenso der Griechen«*[10], aufbaut. Was allerdings noch nicht ganz offenbart worden ist, weder für die Juden noch für die Griechen: die »Akeda«, Israels Opferung, die Auserwählung zum Opfer, gehört zu Gottes Plan. Dieses Buch versucht dieses *Geheimnis* in Worte zu fassen, und ich bete, dass die mangelhaften menschlichen Worte durch den Heiligen Geist belebt und erfüllt werden.

Kapitel 1

»Sie sperren ihr Maul gegen mich auf,
schlagen voll Hohn mich auf die Wangen,
scharen sich gegen mich zusammen.
Gott gibt mich dem Bösen preis, in die Hand
der Frevler stößt er mich.«
»Ihr Herz hast du der Einsicht verschlossen,
darum lässt du sie nicht triumphieren.«
Hiob 16,10.11; 17,4

»Jetzt versammeln sich viele Völker gegen
dich und sagen: Zion wird entweiht,
und unser Auge soll sich daran weiden.
Aber sie kennen nicht die Gedanken des
Herrn und verstehen nicht seine Absicht…«
Micha 4,11.12

Als ich mein Buch über das Leiden Hiobs mit dem Titel »Warum weinst du? Wen suchst du?«[11] zu Ende geschrieben hatte, sagte ein finnischer Bruder zu mir, dass es von diesem Buch eine Fortsetzung geben sollte, eine Fortsetzung über Israel. Damals Maß ich diesen Worten keine große Bedeutung bei, doch heute weiß ich, dass das ein prophetisches Wort war. Ich hatte schon immer verstanden, dass die Hiobgeschichte von meiner Vergangenheit sprach, von meiner eigenen Erfahrung von Kummer, Qual und Schmerzen. In bin in sie hineingeraten, als ich noch nicht gläubig war, und aus ihnen herausgekommen, ohne Gott näher zu kennen, doch mit der starken Überzeugung, dass er existiert. Ich wusste damals noch nicht, dass dieses Buch irgendwann in der Zukunft zu mir zurückkehren würde, zurückkehren in den Schmerzen, im Kummer, in den Tränen und im Stöhnen meines Volkes. *»Kein Mensch kann sich etwas nehmen, wenn es ihm nicht vom Himmel gegeben ist.«*[12] Darum weiß ich genau, dass der Herr selbst mein

Herz mit dem nie aufhörenden Schmerz über Israel erfüllt hat. *»Ich bin voll Trauer, unablässig leidet mein Herz«*[13] wegen seines Volkes. Ich hätte mich allerdings nie an dieses Buch herangewagt, wenn ich aus Gottes Hand nicht nur den Auftrag des Betens und Weinens erhalten hätte, sondern auch die schwierige Berufung, nicht zu schweigen *»um Zions willen..., um Jerusalems willen...,* ***bis das Recht in ihm aufstrahlt wie ein helles Licht...«***[14]

Lange Jahre brauchte Gott, um mich an diesen Platz zu führen. Jahrelang war ich auf dem Weg, kam immer näher – und konnte mich einfach nicht entschließen, an dieses Thema heranzugehen. Es ist ein so qualvolles und schweres Thema. Es ist gefüllt mit so viel Schmerz und Tränen, dass hier jedes auch mit der besten Absicht gesagte Wort, wenn es nicht von Gott kommt, alle, die schon unendlich verletzt sind, noch mehr verletzen kann. Gott gab mir die Gnade, über Hiobs Leiden zu schreiben. Und ich weiß, dass Gott gerade durch dieses Buch viele berührt hat und noch berühren will. Dass er Leidende trösten und Niedergeschlagene wieder aufrichten will, wie er Hiob getröstet und aufgerichtet hat. Das Erste aber, was er mir durch dieses Buch offenbarte, ist die Erkenntnis, dass es mit menschlichen Worten unmöglich ist, Leidenden zu helfen und sie zu trösten. Darum spüre ich ein Gewicht der Verantwortung, ja sogar der Furcht, wenn ich nun zwischen den Leiden biblischer Personen und den Leiden wirklicher Menschen, den Leiden meines Volkes Israel, Parallelen ziehe.

Die Jahre, die ich nun schon in Jerusalem verbracht habe, lehrten mich, die Zeit nach israelischem Muster zu messen: nicht in Stunden, sondern von einer Nachrichtensendung zur nächsten. Die Explosionen bei den fast täglichen Terroranschlägen, das Stöhnen der Verwundeten und der Schmerz derer, die ihre Toten begruben, die TV- und Radioaktualitäten, die mit der Aufzählung der in den letzten vierundzwanzig Stunden Ermordeten beginnen, der Hass und die Verurteilung mit all ihrer schreienden Ungerechtigkeit als ständiger Hintergrund unseres Lebens – all das stellte mich als gläubige Person vor die Frage: Worin besteht denn das Wesen, der Kern dessen, dass wir das auserwählte Volk Gottes sind? Wozu sind wir von Gott auserwählt? Wozu – in der Geschichte und in der Ewigkeit – ist das Volk erwählt, dessen irdisches Los Leiden war und Leiden ist?

Für den Menschen ist es unmöglich, die von Gott zusammengerollte und versiegelte Schriftrolle mit dem Titel »Das Geheimnis Israel« ganz zu öffnen. Alles können wir – nach den Worten des Paulus – nur *»in einem Spiegel und in rätselhaften Umrissen sehen; dann aber von Angesicht zu Angesicht…«*[15] Zu viele Leute meines Volkes, die nach Gott fragten, stolperten oder zerbrachen gar an den unvorstellbaren Leiden, durch die Israel ging und immer noch geht. Auch für mich selbst war die Frage unserer Erwählung, die Frage nach dem Platz des auserwählten Volkes in Gottes Plan und seine Vorbestimmung zu qualvoll. Doch heute ist die Gewissheit seines Auftrages, darüber zu reden, in mir stärker als meine Zurückhaltung. Darum, auch wenn ich mir darüber im Klaren bin, dass es *wie durch einen trüben Spiegel* sein wird, will ich demütig mit dem Schreiben dieses Buches beginnen. Während ich mich so dem Geheimnis Israel nähere, kommt es mir vor, als beträte ich einen in Flammen stehenden Berggipfel und sagte wie einst Moses am Fuß des Berges: *»Ich bin voll Angst und Schrecken.«*[16] Heute bete ich in großer Schwachheit darum, dass mir der Herr, der mir diesen Auftrag gegeben hat, auch die richtigen Worte schenken möge.

Hast du auf meinen Knecht Hiob geachtet?

Wir wollen uns daran erinnern, womit die Geschichte Hiobs, die Geschichte seines Leidens, beginnt. *»Hast du auf meinen Knecht Hiob geachtet?«*[17], fragt Gott am Anfang des Buches. Wem stellt er diese Frage? Jemandem aus seinen Heerscharen? Keinesfalls! Er richtet sie an Satan! Alles, was Hiob in den ersten beiden Kapiteln seines Buches erlebt, wird ihm von Satan zugefügt.

Dieser hat von Gott nicht nur die Erlaubnis dazu erhalten, Gott selbst macht ihn auf Hiob aufmerksam und gibt ihm Ratschläge. Merkwürdig, nicht wahr? Ausgerechnet darin, dass Gott Satans Aufmerksamkeit auf Hiob lenkt, zeigt sich die besondere Auszeichnung Hiobs. Er ist von Gott als Hauptdarsteller für das Buch Hiob ausgewählt worden.

Wenn man über die Geschichte unseres Volkes, über die ständigen Prüfungen und Leiden Israels nachdenkt, kann man beinahe hören, wie Gott irgendwann am Anfang zu Satan sagte: »Hast du auf meinen Knecht Israel geachtet?« Die Antwort Satans, den ganzen Dialog mit Gott, der sich in den ersten beiden Kapiteln abwickelt, könnte man als Leitsatz unserer Geschichte bezeichnen: *»Geschieht es ohne Grund, dass Hiob Gott fürchtet? ...Aber streck nur deine Hand gegen ihn aus, und rühr an all das, was sein ist; wahrhaftig, er wird dir ins Angesicht fluchen. ...Doch streck deine Hand aus und rühr an sein Gebein und Fleisch; wahrhaftig, er wird dir ins Angesicht fluchen.«*[18] Wie viele unzählige Male hat die Geschichte dieses blutige satanische Szenario gesehen! Jede Judenverfolgung fängt damit an, *Gebein und Fleisch* anzurühren. Warum schweigt er, der uns liebt? Warum lässt er all das zu? *»Herr, warum bleibst du so fern, verbirgst dich in Zeiten der Not?«*[19] Es kann doch nicht wirklich sein, dass du uns einfach nur prüfst? Könnte unsere ganze blutige Geschichte bloß eine Prüfung sein, die durch die boshafte und hinterlistige Verleumdung Satans provoziert wurde: *»Geschieht es ohne Grund, dass Israel Gott fürchtet?«*

Mit solchen Fragen fingen einst meine Gedanken über Hiob an. Ich erstickte beinahe an meiner Empörung, als ich diese Geschichte zum ersten Mal las. Ich war damals noch nicht gläubig. »Es kann doch nicht sein, dass Gott all das Leid auf Hiob kommen ließ, einfach um ihn zu prüfen, obwohl er nicht die geringste Schuld auf sich geladen hatte!«[20] So fing mein erstes Buch über Hiob an. Nicht ich habe die Antwort auf diese Frage gefunden – Gott selbst hat sie mir dargeboten, indem er das Buch Hiob vor mir öffnete. Damals erlaubte er mir, den Weg zu sehen, den Hiob gehen musste, und darüber zu sprechen, wie Hiob von einem Mann mit zerrissenen Kleidern zu einem Mann mit zerrissenem Herzen wurde. Er ließ mich sehen, was er selbst diesem zerbrochenen, niedergeschlagenen Herzen geantwortet hat, so wie er niedergeschlagenen und demütigen Herzen immer antwortet. Ich bin überzeugt, dass man, so wie die Freunde Hiob nicht verstanden, aus menschlicher Sicht nie in der Lage sein wird, die Leiden Israels ganz zu verstehen. Der Herr hat meine Sicht auf das Leiden durch die Geschichte von Hiob geöffnet. *Die richtige Frage bei allem Leiden ist nicht: »Warum tut er mir das an?«* sondern *»Wozu tut er mir das an?«*[21] Doch während ich früher mein Hauptaugenmerk auf Hiob selbst und seine Beziehung zu Gott richtete – wobei die Freunde und Tröster mit ihren Meinungen und Ermahnungen, ihrem menschlichen Urteilen und Verurteilen für mich zweitrangig waren im Vergleich zu dem, was zwischen Gott und dem menschlichen Herzen geschieht – möchte ich jetzt die Geschichte Hiobs nicht von innen, sondern von außen betrachten. Wir wollen zu verstehen versuchen, dass sich die Wozu-Frage keineswegs nur auf Hiob und sein Leiden bezieht. Dieses Leiden war in größerem oder kleinerem Masse auch für jene bestimmt, die ihm nahe waren, für die Zeugen seines Leidens, die ihn gerade darin verurteilten – und die am Schluss durch dieses Leiden zum ersten Mal Gottes Liebe und Güte erkannten. Hiob bezeichnet sie als *leidige Tröster* und *untaugliche Ärzte*[22]. Ihre Gegenwart schien auch wirklich unnütz zu sein. Und trotzdem: obwohl Hiob sich dessen nicht bewusst war, litt er auch für sie, *damit* sich ihr Leben verändern konnte. Darauf werden wir später zurückkommen.

Sein Augapfel

Es gab eine Zeit, da war ich selbst ein solch untauglicher Arzt und stellte wie einer von Hiobs Tröstern voll Selbstvertrauen die Diagnose für Israels Krankheiten. Als wir 1991 nach Jerusalem kamen, nachdem wir kurz vorher zum Glauben gefunden hatten, war ich fest davon überzeugt, dass ich den erkannt und in mein Leben aufgenommen hatte, der *»der Weg und die Wahrheit und das Leben ist«*[23], und ich dachte in meiner Naivität, es werde sofort allen meinen Gesprächspartnern ein Licht aufgehen. Eine Freundin von uns, die sich bis zu ihrer Übersiedelung nach Israel als Christin bezeichnet hatte, fragte mich: »Was hast du für ein Recht, so zu handeln?« Sie erzählte mir, es sei ihr klar geworden, dass sie hier nicht nur kein Recht habe, die Menschen, die mit Blut und Tränen für ihr Land und ihren Weg bezahlt hätten, zu belehren, sondern dass sie auch kein Recht habe, eine andere Wahrheit, einen anderen Weg anzuerkennen als sie. Sie finde das ihnen gegenüber schändlich. Doch ich war viel zu sehr erfüllt von Jeshua (und vielleicht von mir selbst?), um darüber nachzudenken. Wenn er doch die Wahrheit ist, wie kann ich dann auf mein Recht auf die Wahrheit verzichten?

Jahre vergingen. Erst als ich anfing, das siebte und letzte Kapitel meines Buches über Hiob zu schreiben, das an *»meine Brüder, die der Abstammung nach mit mir verbunden sind«*[24], gerichtet ist, hielt mich der Herr zurück. Damals redete er das erste Mal selbst mit mir darüber und berührte mein Herz. Es schien mir, dass nicht die Augen, sondern das Herz Ströme von Tränen vergoss, die diese Tage für immer unvergesslich werden ließen. Er fing an, mich, die Jüdin und Israelitin, **seine** Liebe zu seinem Volk zu lehren. Er entlarvte mich und tadelte mich für den leichtfertigen Umgang mit *»seinem Augapfel«*[25]. Er zeigte mir, wie viel das Leiden seines Volkes in seinen Augen wiegt – *»Legt man es… auf die Waage, … ist es schwerer als der Sand des Meeres«*[26] – und wie missbilligend er auf jene schaut, seien es nun Juden oder Heiden, die sich diesem Leiden gegenüber leichtfertig und überheblich zeigen, die von ihrem Recht und ihrer Überlegenheit überzeugt sind und genau wissen, warum Israel leiden muss.

Tödliche Saat

Nein, ich hole hier nicht zu einer Beschreibung der Geschichte des christlichen Antisemitismus aus. Es brauchte Bände, um all die blutigen Seiten dieser schrecklichen Geschichte aufzuschreiben, aus denen mein Volk das Christentum kennen gelernt hat. Doch wie in jenem Märchen, das erzählt, wie auf einem leeren, umgepflügten Feld plötzlich eine Saat aufging, aus der Drachen heranwuchsen, so brachte jene todbringende Saat, die schon in den ersten Jahrhunderten der Geschichte in die Beziehungen des Christentums zu Israel ausgestreut worden war, das Ungeheuer »Antisemitismus« hervor – von den Kreuzrittern bis zur Shoa (Holocaust). Ich werde nicht über die »Drachen« schreiben. Ich bin Gott dankbar, dass die Seiten dieser schrecklichen Geschichte nicht nur von Juden aufgeschrieben werden, sondern dass auch immer mehr Menschen, die aufrichtig an den glauben, in dessen Namen all diese Gräueltaten an unserem Volk begangen wurden, anfangen, unter Tränen der Reue darüber zu berichten. Es ist für mich als Gläubige an Jeshua sehr wichtig zu verstehen, was das für Samen waren, die diese schreckliche Saat hervorbrachten. Was ist denn falsch gelaufen? Worin liegt der Grund für diese ungeheuerlich entstellten Beziehungen? Warum entwickelten jene, die Jeshua nachfolgten, einen so unerklärlichen Hass auf die, zu denen Jeshua ursprünglich gekommen war? Ist es nicht so, dass wir, wenn wir Jeshua lieben, auch alles zu lieben beginnen, was den Geliebten betrifft, was mit seinem irdischen Leben zusammenhängt – in erster Linie sein Volk, mit dem er lebte und das er liebte? Warum ist alles ganz anders herausgekommen? Warum wurde ausgerechnet sein Volk von den Christen so gehasst, verachtet und verfolgt?

Mit Erschrecken habe ich festgestellt: Wenn man den Dingen auf den Grund geht, stellt sich heraus, dass gerade die Leiden Israels in den ersten Jahrhunderten der christlichen Geschichte der Kirche geholfen haben, die theologische Basis für den Hass und die Verachtung Israels zu legen. Nein, natürlich war nicht das Leiden der Grund für diesen Hass. Aber gerade im Kummer und in den Nöten Israels hat das frühe Christentum den Beweis und die Bestätigung gesehen, dass Israel von Gott bestraft und verworfen wurde und dass die Kirche jetzt das »wahrhaftige, himmlische, neue« Israel ist, das von nun an bis in alle Ewigkeit den Platz des »auserwählten Volkes« eingenommen hat. Ist das nicht eine erschreckende Kehrtwende? Sogar in der Vorstellung weltlicher Menschen ist das Christentum die Religion der Barmherzigkeit und des Mitleidens. Und doch waren es ausgerechnet die Christen, die mit Israel nicht nur kein Mitleid hatten und ihm in seiner Not keine Hilfe anboten, sondern die schnell – allzu schnell! – anfingen, es zu hassen, zu verfolgen, zu töten: *»Denn sie verfolgen den Mann, den du schon geschlagen hast, und mehren den Schmerz dessen, der von dir getroffen ist.«*[27] *»Wer unter euch ohne Sünde ist, werfe als Erster einen Stein auf sie«*[28]*,* sagte Jeshua zu denen, die eine Frau beim Ehebruch erwischt hatten und nun um sie herumstanden. Das waren alles Leute, die ein gottesfürchtiges Leben führten: Pharisäer und Schriftgelehrte. Keiner von ihnen – die nebenbei gesagt vom Christentum als Symbol der religiösen Selbstgefälligkeit und Selbstgerechtigkeit hingestellt werden – hielt sich für sündlos genug, um den ersten Stein auf die Sünderin zu werfen. Kaum ein Jahrhundert später steht das gequälte, angespuckte Israel im Kreis seiner christlichen Mitbrüder, die von ihrer Gerechtigkeit und von seiner Sündhaftigkeit überzeugt sind und von denen einer nach dem andern, im völligen Widerspruch zu Wort und Geist ihres Lehrers, Steine aufheben, um Israel zu steinigen. Wir werden uns noch mit der Frage der Schuld, des »Ehebruchs« Israels, befassen. Doch zuerst wollen wir vor dem erbeben, was wir sehen: Vor dem Schauspiel dieser Lynchjustiz in der Gegenwart und vor dem Antlitz des wahren Richters. Erbeben vor fliegenden Steinen, die jene auf uns werfen, die in Bezug auf andere Liebe und Barmherzigkeit predigen.

Ich will vorausschicken: Wir werden uns vorläufig noch nicht mit der Frage nach dem Grund und Sinn von Israels Leiden beschäftigen. Das wird das Thema der nächsten Kapitel sein. Jetzt wollen

wir nur von der Haltung der Christen zu diesem Leiden sprechen. Diese hat sich in den ersten Jahrhunderten der christlichen Geschichte gebildet. Darum muss unsere Analyse auch dort anfangen. Bevor die Kirche anfing, Israel zu verfolgen – die »Drachen« waren schon recht groß geworden –, hatte sie eifrig ihr Feld mit der verhängnisvollen theologischen Saat angesät: Wenn Israel so schwer leiden muss, dann bedeutet das, dass Gott es bestraft und verworfen hat. Deshalb verdient es nichts anderes als Verachtung und Hass von Seiten derer, die sich rechtmäßig an seinen Platz gesetzt haben. Justin der Märtyrer schrieb in seiner Abhandlung »Dialog mit Tryphon«, alles Leiden der Juden sei die gerechte Strafe Gottes für den Tod Christi. Das war einer der ersten Steine, die auf Israel geworfen wurden. Justin zögerte nicht, die Vertreibung der Juden aus Jerusalem, das verwüstete Land und die verbrannten Städte als verdiente Strafe für jene zu bezeichnen, die den Gerechten umgebracht hatten. Aus irgendeinem Grund dachte er dabei weder an Stephanus, der um Vergebung für seine Peiniger gebeten hatte, noch an das Gebet von Jeshua am Kreuz.
Hier noch einige andere Stimmen:
Irenäus, Bischof von Lyon (177 n. Ch.): »Die Juden sind von Gottes Gnade getrennt.«
Tertullian aus Karthago (160 bis 230) schrieb in seiner Schrift »Gegen die Juden«, Gott habe die Juden verworfen und an ihre Stelle die Christen gesetzt.
Hilarion von Gaza (291 bis 371): »Die Juden sind ein verdorbenes Volk, das Gott für immer verflucht hat.«
Gregor von Nyssa (gest. 394), Bischof von Kapadozien: »Die Juden sind ein Haufen von Ottern, die alles Gute hassen.«

Solche Steine, die von Kirchenvätern in den ersten Jahrhunderten auf Israel geworfen wurden, findet man leider in großer Zahl. Es ist nicht meine Aufgabe, mich mit dem »Drachen«, dem christlichen Antisemitismus, zu beschäftigen, sondern mit der Saat, die ganz am Anfang, in den ersten Jahrhunderten, ausgesät worden ist. Schon im zweiten Jahrhundert der christlichen Geschichte war eine Doktrin aufgestellt worden, die man so zusammenfassen

könnte: Die Kirche ist das wahrhaftige Volk Gottes, das »neue Israel«. Die Juden, das Volk der Abtrünnigen, hat seine Auserwählung eingebüßt und seine Strafe für die Ablehnung des Messias und für die Sünde des »Christusverrates« und »Christusmordes« bekommen. Gott hat Israel verworfen und an seinen Platz auf immer und ewig die Kirche gestellt. Aller Segen, alle Verheißungen, alles, was bis jetzt Eigentum Israels war, gehört nun der Kirche: Gott, die Bibel, das verheißene Land, die Erwählung, die Rettung, das Reich Gottes. Von allen Verheißungen des Tenach, des Alten Testaments, überließ die Kirche nur den Fluch großmütig unserem Volk.
Erinnern Sie sich an das Märchen vom Fuchs und vom Hasen? Der Fuchs lebte in einer Eishütte, der Hase in einer Basthütte. Die Hütte des Fuchses schmolz und der Hase nahm ihn bei sich auf. Der Fuchs jagte den Hasen aber fort und besetzte die Hütte. Ungefähr das gleiche passierte mit Israel und der Christenheit. Schon im zweiten Jahrhundert finden wir bei Justin dem Märtyrer die »biblische« Begründung für diese Eroberung. Als erster christlicher Autor kommentiert er die Geschichte von Noah und seinen Söhnen. Dabei weist er im 1. Buch Mose auf folgenden Vers hin: *»Raum schaffe Gott für Jafet.* ***In Sems Zelten wohne er«.***[29] Für ihn ist das ein prophetisches Wort, das darauf hinweist, dass in Zukunft Jafet, d.h. alle zum Christentum übergetretenen Heiden, das Zelt Sems und Hams, d.h. Israels, in Besitz nehmen werden. Ich nehme an, dass der ursprüngliche Sinn dieses Bibelverses keineswegs die Vertreibung Sems aus seinen Zelten war (genauso wenig wie der Hase annimmt, dass er, wenn er den Fuchs zu sich in die Hütte lässt, bald selber auf der Straße stehen wird). Doch die Auslegung des christlichen Kommentators rechtfertigte den Ausschluss Israels vom Plan und Segen Gottes, der damals bereits in vollem Gang war.

Es ist verständlich, dass im Rahmen dieser Theorie die Leiden Israels sehr gelegen kamen. Sie waren eine zusätzliche Bestätigung des Versagens und der Ausgestossenheit Israels und eigentlich ein besonders wuchtiges Argument für das Recht des

Christentums, seinen Platz einzunehmen. Je schrecklicher die Nöte und Prüfungen waren, die über uns hereinbrachen, umso gerechtfertigter stand die Kirche in ihren eigenen Augen da. Es ist nicht zufällig, dass der Bruch einer »neuen Religion« mit ihren jüdischen Wurzeln, der sich bereits als punktierte Linie auf dem Apostelkonzil in Jerusalem abzeichnete, ausgerechnet in für unser Volk notvollen Zeiten mehr als deutlich wird: Im Jahr 70 der Fall von Jerusalem und die Zerstörung des Tempels; in den Jahren 132 bis 135 der Aufstand von Bar-Kochba und die darauf folgenden römischen Repressalien. Jedes Mal wenn es Israel schlecht ging, triumphierte die Kirche. Das Christentum sah in jedem neuen Unheil eine neue Bestätigung dessen, dass Gott sich tatsächlich von seinem Volk abgewandt hatte. Genau so wie Hiobs Tröster in dessen Leiden die Bestätigung dafür sahen, dass Gott Hiob bestraft und verworfen hatte. Doch sie waren im Irrtum!

So ist es nun an der Zeit, zum Buch Hiob zurückzukehren. Die Einsichten, die ich hier weitergeben will, sind für mich ziemlich neu. Gott wies mich vor allem im Zusammenhang mit dem Leiden Israels darauf hin. Während ich mich über eine lange Zeit intensiv mit Hiob beschäftigte, leuchteten Verse und Zeilen auf, die ich vorher gar nicht bemerkt hatte, und durchdrangen mein Herz. Und so beginnen wir mit jener tragischen Lektion des Hiobbuches, mit der, davon bin ich überzeugt, viele Gläubige sich in ihrem Leben schon einmal herumschlagen mussten: Wenn wir in Not sind, dann ist das in den Augen unserer Brüder und Schwestern ganz bestimmt Gottes Strafe, auch wenn sie bereit sind zu helfen und mit zu leiden. Gott hat das aus irgendeinem Grund zugelassen, denken sie meist: *»Ist er es nicht, wer ist es dann?«*[30]

Menschen, die Gott nicht kennen, die nur glauben, was sie sehen, begnügen sich in solchen Situationen meist mit konkreten, sichtbaren Taten, ohne das Trauergewand des Leidens mit geistlichem Futterstoff zu unterlegen. Für den guten Menschen ist der Kummer des Nächsten Anlass zu Mitleid und Barmherzigkeit. Der »weniger Gutherzige« verhält sich gleichgültig, und »die

Feinde« weiden sich triumphierend an Schadenfreude. In jedem Fall aber kommen diese Leute ohne weit reichende geistliche Schlussfolgerungen aus. Jene aber, die *»überzeugt sind von Dingen, die man nicht sieht«*[31], die jede Situation als einen Brief des lebendigen Gottes, geschrieben mit unsichtbarer Tinte, ansehen, widerstehen nur selten der Versuchung, den Brief, der nicht an sie adressiert ist, »laut« zu lesen und über die vermutete Schuld, die eine so schwere Strafe nach sich zieht, »laut« nachzudenken. Übrigens wäre es gerade für den gläubigen Menschen außerordentlich wichtig zu verstehen, dass alle Situationen, und seien sie noch so tragisch, *»bei denen, die Gott lieben,... zum Guten führen.«*[32] Jeder Umstand kann uns näher zu Gott bringen, doch ist noch lange nicht jedes schwer wiegende Ereignis eine Strafe. Sogar wenn wir es wirklich mit einer Strafe Gottes zu tun haben, geht es um ein persönliches Gespräch zwischen Gott und dem Angesprochenen und ist unter keinen Umständen für außenstehende Beobachter und ihre Kommentare bestimmt.

Hiob führte ein außergewöhnlich frommes und gottesfürchtiges Leben. Die Bibel bestätigt uns dies von Anfang an. Solange in seinem Leben alles blühte und gedieh, war er sowohl in seinen wie auch in den Augen seiner Freunde und Feinde, bis hin zu Satan, ein besonders gesegneter Mensch, einer, der Gott besonders nahe war. Man könnte sagen, so etwas wie der Beauftragte Gottes auf Erden: *»Wenn ich sprach, nahm keiner das Wort ... Sie harrten auf mich wie auf Regen...Ich bestimmte ihr Tun, ich saß als Haupt, thronte wie ein König inmitten der Schar...«*[33] Als dann aber das Unheil über ihn hereinbrach, sahen alle ohne Ausnahme (bis zum Erscheinen von Elihu) darin die Strafe Gottes. *»Bedenke doch! Wer geht ohne Schuld zugrunde? Wo werden Redliche im Stich gelassen?«*[34] Überraschend, nicht nur für ihn selbst, verwandelt sich Hiob über Nacht aus einem glücklichen in einen von Leid getroffenen Menschen. Was aber noch viel schrecklicher ist: Der Gottesmann, den gestern noch alle hoch schätzten, ist heute plötzlich zum Sünder, zum ausgestoßenen, zum von Gott Verlassenen geworden: *»Zum Spott für die Leute stellte er mich hin, ich wurde* *einer, dem man ins Gesicht spuckt*[35]*… Buben selbst verachten mich, stehe ich auf, verhöhnen sie mich. Alle meine Gefährten verabscheuen mich, die ich liebe, lehnen sich gegen mich auf.«*[36] Das bittere Gefühl der Ausgestossenheit und der Schande, das tragische Missverständnis in den Augen seiner Umgebung, die alles, was mit ihm passiert, als Gottes Strafe betrachtet, gerade das erweist sich als die schrecklichste und unerträglichste aller Prüfungen. Je weiter sich die Geschichte entwickelt, um so mehr spricht Hiob gerade davon. Körperliche Qualen und Trauer über den Verlust der Lieben treten in den Hintergrund vor dieser schrecklichen Anklage und allgemeinen Verachtung: *»Er warf mich in den Lehm, sodass ich Staub und Asche gleiche.«*[37] In diesem Sinn spricht das Buch Hiob in den ersten zwei Kapiteln nicht nur von den Prüfungen, die auf Hiob niederprasselten. Viel schwerer als alle körperlichen Leiden, ja unaussprechlich schwer zu ertragen ist für ihn die scheinbare Ablehnung durch Gott, der ihn noch bis vor kurzem mit seinem sichtbaren Segen überhäuft hat. Bis zum Schluss des Buches, bis zur Begegnung mit Gott bemüht er sich, den Grund für diese krasse Veränderung zu verstehen. Warum hat Gott ihn, den frommen und gottesfürchtigen Hiob, *»dem Bösen preisgegeben, in die Hand der Frevler gestoßen?«*[38]

Eine Lektion aus der Semiotik

Vor vielen Jahren, als ich an der Universität von Tartus in Estland studierte, hörte ich Vorlesungen von Jurij Michailovich Lotmann über die populäre, aber damals in Ungnade gefallene Semiotik. Nicht dass mir diese Kenntnisse von den Zeichen viel genützt hätten, doch kürzlich erinnerte ich mich plötzlich deutlich an die erste Vorlesung, in welcher der Referent zwei Kreise an die Tafel gezeichnet hatte: »Das ist der Absender und das der Empfänger«, sagte er. Dann verband er die beiden Kreise mit einer Zickzacklinie und erklärte: »Ein Text im Verständnis der Semiotik ist eine Mitteilung, die vom Absender an den Empfänger geschickt wird.«

So ist nicht nur der Text im wörtlichen Sinn eine Mitteilung, sondern jedes kulturelle Phänomen kann als »Text« bezeichnet werden. – Das sind meine Erinnerungen, und ich erhebe keinen Anspruch auf wissenschaftliche Korrektheit. Der abgeschickte Text muss vom Empfänger nicht nur entgegengenommen, er muss auch gelesen, sozusagen dechiffriert werden. Dabei können natürlich Verzerrungen, falsche Entzifferungen vorkommen. Der Empfänger des Textes hat vielleicht nicht genau (oder überhaupt nicht) das verstanden, was der Absender gemeint hat. Eine der Aufgaben der Kulturhistoriker ist es, die kulturellen »Texte« der vergangenen Jahrhunderte richtig zu entschlüsseln und aus ihnen das herauszulesen, was der Autor wirklich in sie hineingelegt hat.

Ich kann mich nicht mehr an vieles aus der Semiotik erinnern und weiß auch nicht, ob irgendjemand das Buch Hiob je aus der Sicht der semiotischen Konzeption angeschaut hat. Wenn nicht, dann ist das schade, denn meiner Meinung nach liegt im Hiobbuch ein typisches Beispiel einer solchen Verzerrung und falschen Interpretation eines Textes vor. Wir wollen versuchen zu sehen, wie groß die Kluft zwischen dem ist, wie der Autor den »Text« schrieb, und dem, wie die Zeugen um Hiob ihn »lasen«.

In den ersten zwei Kapiteln lesen wir, dass Gott Satan erlaubte, den Menschen, der ihm besonders nahe stand, zu prüfen. Alle folgenden Kapitel, in denen seine Freunde zu hören sind, bis zum Auftauchen von Elihu im 32. Kapitel, sind nichts anderes als eine Verdrehung dieser Geschichte, als eine falsche Auslegung von Hiobs Kummer und Leiden durch seine Freunde, die diese Ereignisse als Gottes Strafe für seine Sünden ansehen. Wir, die wir die ersten Zeilen dieser Geschichte kennen, lesen all diese Anschuldigungen mit wachsendem Befremden. Als Hiob es irgendwann nicht mehr aushält und zu seinen Freunden sagt: *»Ich habe auch Verstand wie ihr, ich falle nicht ab im Vergleich mit euch,«*[39] oder *»Was ihr wisst, weiß ich auch, ich falle nicht ab im Vergleich mit euch,«*[40] ist dem Leser, der das Buch von Anfang an kennt, klar, dass Hiob wirklich recht hat, dass er auch in den

Augen Gottes mit seiner Frömmigkeit und Gottesfurcht seine Tröster weit überflügelt. Zweifellos wollte Gott an Hiobs Herzen arbeiten, das mit Selbstgerechtigkeit und Selbstgefälligkeit verseucht war. Doch Sünden, die ihm seine Freunde mit so großer Lust vorwarfen: *»Ist nicht groß deine Bosheit, ohne Ende dein Verschulden? Du pfändest ohne Grund deine Brüder, ziehst Nackten ihre Kleider aus. Den Durstigen tränkst du nicht mit Wasser, dem Hungernden versagst du das Brot... Witwen hast du weggeschickt mit leeren Händen, der Verwaisten Arme zerschlagen«*[41], diese Sünden konnten Hiob eindeutig nicht angelastet werden. Und wenn die Freunde, die Gottes Sicht der Dinge nicht kannten, von seiner Schuld überzeugt waren – *»wisse, dass Gott dich zur Rechenschaft zieht in deiner Schuld«*[42] – dann ist es für unser weiteres Gespräch sehr wichtig festzuhalten, dass sie allein auf Grund des Unglücks, das Hiob widerfahren war und das sie als Strafe bezeichneten, zu diesem Schluss gekommen waren. Wir aber wissen vom Anfang des Buches her, dass dem nicht so ist.

Halten wir fest, dass auch Hiob, der im Gegensatz zu uns den Prolog nicht lesen konnte, der die Vorhaben und Pläne Gottes nicht kannte, mit seiner zerrissenen Seele, seinem zerschundenen Herzen spürte, wie unrecht seine Tröster hatten. Jedes Mal zuckte er unter ihren »Schlussfolgerungen« wie unter einem Schlag zusammen. (Ich habe einmal einen Bericht über einen Menschen gelesen, der seine Fingernägel bis fast zur Fingerkuppe abgeschnitten hatte. Mit seinen entblößten Fingerbeeren, die ohne den gewohnten Schutz sehr empfindlich geworden waren, konnte er den richtigen Zahlencode beim Schloss eines Safes vom falschen unterscheiden). Eine leidgequälte Seele, völlig entblößt und ohne die gewohnte Sicherheit, ist unglaublich sensibel gegenüber jeder Lüge und Falschheit. Das ist der Grund, weshalb Hiob im Verlauf des Buches immer wieder zu Gott schreit. Er hofft und vertraut, dass Gottes Sicht, seine Auslegung der Ereignisse sich von der menschlichen Sicht unterscheidet: *»Hast du die Augen eines Sterblichen, siehst du, wie Menschen sehen?«*[43]

Das ist eigentlich das Wichtigste, was wir aus diesem Buch lernen sollten: Gott sieht die Dinge anders als der Mensch. Der Unterschied zwischen der göttlichen und der menschlichen Sicht ist hier nicht nur deutlich sichtbar, sondern wird uns vor allem **deutlich gezeigt**. Nicht nur ein Blick, nicht zwei, sondern ganze drei Blicke sind hier auf Hiob gerichtet: die menschliche Sicht seiner Zeitgenossen, die diese Geschichte selbst miterleben und sie als Bericht über Sünde und Gottes Strafe verstehen; die himmlische Sicht, die die Vorgeschichte und den wahren Sinn dieses tragischen Textes kennt, und unsere eigene Sicht, die Sicht des außenstehenden Lesers, den Gott durch die Geschichte von Hiob lehren will, menschliche Interpretation von göttlicher zu unterscheiden. Es ist alles andere als Zufall, dass die Beteiligten an dieser Geschichte erst ganz am Schluss die Korrektur der Auslegung erfahren, mit der Hiob all die Kapitel hindurch gekämpft hat, während uns **ganz von Anfang an** der himmlische Prolog gezeigt wird. Dieser unerwartet theatralische, für den Tenach so untypische Prolog bestätigt uns in den ersten Zeilen die Gerechtigkeit Hiobs. Und wenn der Sinn der Ereignisse für jemanden noch nicht klar ist, so zeigt der Prolog, dieses Gespräch Gottes mit dem Satan, auf jeden Fall eindeutig, dass hier nicht von Strafe die Rede sein kann. Am Schluss des Buches können wir uns noch einmal davon überzeugen, dass die Interpretation der Tröster falsch ist. Wir erfahren das auch von Elihu, der hier als Gottes Gesandter erscheint (*»Auch gegen seine drei Freunde entbrannte sein Zorn, weil sie keine Antwort mehr fanden, um Hiob schuldig zu sprechen«*[44]*)*, und von Gott, dem Autor selbst, der wie Elihu auf die Freunde Hiobs zornig ist, *»denn ihr habt nicht recht von mir geredet wie mein Knecht Hiob.«*[45] Der Geist Gottes hat dafür gesorgt, dass wir, anders als die direkt Beteiligten, von Anfang an verstehen, dass die Leiden Hiobs keinesfalls eine Strafe sind. Dem Autor des Buches ist es wichtig, dass der Leser diese Tatsache während all der langen, mit Beschuldigungen und Verurteilungen gefüllten Reden nicht vergisst, auch dann nicht, wenn sie an manchen Stellen einleuchtend und überzeugend scheinen. In diesem Sinne ist die Geschichte von Hiob nicht einfach ein gutes

Beispiel, sondern eine sorgfältig aufgebaute Illustration Gottes, die uns die riesige Kluft zwischen Gottes Sicht und der menschlichen Sicht aufzeigt und uns verstehen lässt, wie unterschiedlich eine Sache aus himmlischer und aus irdischer Sicht aussehen kann, wie weit entfernt eine menschliche Interpretation von der göttlichen sein kann.

Kein neutrales Territorium

Nun bleibt noch der letzte Schritt zu tun, nämlich die Dinge beim Namen zu nennen. Es gibt ein einfaches geistliches Prinzip, das leider nur wenige ernst nehmen. Jeshua hat es so formuliert: *»Wer nicht für mich ist, der ist gegen mich.«*[46] Seine Richtigkeit zeigt sich immer deutlicher. Die Welt, die bis vor nicht allzu langer Zeit so farbig erschien, entpuppt sich immer deutlicher als schwarz und weiß. Alles, was nicht von Gott ist, ist von Satan, und wenn wir hinter einer Sache nicht Gott finden, steht der Feind dahinter. Ich habe einmal eine schreckliche Erfahrung gemacht. Ein sehr lieber Freund von uns war an Krebs erkrankt und lag im Sterben. Buchstäblich auf dem Sterbebett bekehrte er sich durch das Zeugnis meines Mannes zu Gott. Wie durch ein Wunder erholte er sich danach und wurde wieder gesund. Und nun erlag er der Versuchung einer unheimlichen Sekte. (Es ist interessant, dass ich seither nichts mehr von dieser Sekte gehört habe. Ich habe den Eindruck, Satan habe sie eigens dazu ins Leben gerufen, um *»wenn möglich, die Auserwählten irrezuführen«*[47] und auch diesen Bruder von Gott abzubringen). Irgendwann fingen wir an zu spüren, dass etwas Seltsames mit ihm geschah. Wir versuchten mit ihm zu sprechen. Er wich unseren Fragen aus und war zu keinem Gespräch bereit. Er wich auch unseren Blicken aus. Doch einmal, als ich mit ihm sprach, schaute er mir direkt in die Augen – und ich fuhr zurück. Nie mehr werde ich jenen eisigen, entsetzlichen Hass vergessen, der sich aus seinen Augen über mich ergoss, jenen schrecklichen Blick, der mich durchbohrte. Ich sah in Augen, die ich kannte, die mich erst kürzlich noch warm und freundlich angelächelt hatten. Und nun schaute etwas – genauer gesagt, jemand – unendlich fremd und feindselig aus diesen Augen auf mich und überschüttete mich mit tödlicher Kälte und Bosheit. Für einen Moment war ich völlig erstarrt und konnte mich nicht mehr bewegen. Erst zu Hause erholte ich mich unter Gebet und Tränen langsam von dem erlebten Schrecken. Ich verstand, dass das nicht der Hass unseres Freundes gewesen war. Das war überhaupt kein menschlicher Hass – ich hatte vor dem Antlitz Satans gestanden. Genauso fährt es auch Hiob und dem Leser hin und wieder eiskalt über den Rücken unter den freundschaftlichen und menschlich mitfühlenden Blicken seiner *Tröster*. In Wirklichkeit sind das aber die schrecklichen, unmenschlichen Blicke dessen, der alles verdreht und zerstört und in dieser Zerstörung seinen Sieg sieht. Satan versuchte zuerst, Hiob bei Gott zu verleumden. Weil ihm das nicht glückte, war er, der gekommen ist, um zu *»stehlen, zu schlachten und zu vernichten,«*[48] schließlich damit zufrieden, dass es ihm gelang, Hiob bei seinen Freunden zu verleumden.

Ein Zeuge im Himmel

Das Buch Hiob, eines der ältesten Bücher des Tenach, wurde von Gott sozusagen als Vorwort zu unserer Geschichte, zur Geschichte des **auserwählten** Volkes, gesetzt. Das gleiche Prinzip bestimmt auch unsere Geschichte, nur dass das Unheil, welches im Buch Hiob die persönliche Tragödie eines einzelnen Menschen war, sich in der Geschichte des Volkes, das im Zentrum von Gottes Plan steht, in die Tragödie der ganzen Menschheit verwandelt. Satan ist sehr daran interessiert, dass die Kluft zwischen den Gläubigen aus den Nationen und Israel unüberwindlich scheint und Gottes Plan undurchführbar aussieht. Darum ist es kein Zufall, dass der Herr mich veranlasst hat, ausgerechnet hier das Gespräch über Israels Leiden und seinen Platz in Gottes Plan zu beginnen. In der Geschichte Hiobs zeigt Gott uns Lesern und Beobachtern, wie wir handeln müssen, wenn wir uns in der Rolle Hiobs oder seiner Freunde befinden.

Vielleicht lockt uns die Beschäftigung mit den anklagenden und verurteilenden *Tröstern* nicht, welche die Leiden Hiobs nicht richtig beurteilen konnten – oder wollten. Aber gerade wenn ich auf sie schaue, spüre ich umso nachdrücklicher den Befehl und die Führung Gottes, Israel vor den »untauglichen Ärzten« unserer Geschichte zu beschützen und eine andere als die traditionelle Sicht – vielleicht die Sicht Gottes – auf die Leiden Israels vorzulegen. Ich identifiziere mich so mit dem Herzensschrei Hiobs, der wusste, dass kein anderer als Gott selbst ihn verteidigen und für ihn einstehen konnte: *»Leiste doch bei dir selbst Bürgschaft für mich!* ***Wer würde sonst den Handschlag für mich leisten?«***[49]

Jenes Licht, jene *»Breite und Länge und Tiefe und Höhe«*[50] der Liebe Gottes, die sich Hiob in der undurchdringlichsten Dunkelheit seines Leidens auftun, treffen und bewegen das Herz immer wieder neu. Sogar wenn Hiob sich von Gott gekränkt fühlt, weil er ihn geschlagen hat, weiß er doch zutiefst in seiner Seele, dass nur Gott allein sein Fürsprecher und Zeuge vor den Leuten sein kann, die ihn anprangern und beleidigen. *»Nun aber, seht, im Himmel ist mein Zeuge, mein Bürge in den Höhen.«*[51] Es gibt kaum passendere Worte für den Vergleich von Hiobs Leiden mit den Leiden Israels.

Die Treue Gottes zu seinem Volk vor dem Hintergrund von Untreue, Verrat und Hass der Menschen ist jenes ständig ertönende Motiv im Tenach, das schon immer Leitmotiv unserer irdischen Geschichte war und es auch heute ist. *»Hätte sich nicht der Herr für uns eingesetzt – so soll Israel sagen -, hätte sich nicht der Herr für uns eingesetzt, als sich gegen uns Menschen erhoben...«*[52] So wie Hiob wissen auch wir (und wenn wir es früher nur theoretisch wussten, so wurde es in der Zeit der so genannten El-Aksa-Intifada zur konkreten, alltäglichen Realität): Es gibt auf der ganzen Welt niemand außer Gott, der für uns eintreten würde. Es gibt auch niemand außer ihm und seinem Wort, den ich als Beschützer Israels anrufen könnte. Wie Hiob aus den Seiten seines Buches zu

Gott schreit, flehe auch ich heute zum lebendigen Gott aus den Seiten der Geschichte, in denen Sie und ich jetzt Mitspieler sind, und bitte ihn um Schutz und Fürsprache. – *»Wer würde sonst den Handschlag für mich leisten?«*

Ein besonderer Platz in Gottes Plan

Jahrhunderte nach Hiob wendet sich der Apostel Paulus an die Heidenchristen und warnt sie davor, die ewige Liebe Gottes zu Israel zu vergessen. Er ruft sie auf, *»sich nicht auf eigene Einsicht zu verlassen.«*[53] So könnten auch wir, die den Prolog gelesen haben, Hiobs Tröstern zurufen: Verlasst euch nicht auf eure Einsicht. Daraus, dass Hiob von mancherlei Unheil betroffen ist, kann man nicht ablesen, dass Gott ihn verworfen hat und der heiß begehrte Platz des Auserwählten frei geworden ist. Im letzten Kapitel können sich die Tröster-Freunde selber überzeugen, dass Gott Hiob nach wie vor liebt und ihn nicht verlassen hat. Doch bis hin zum letzten Kapitel ist die Versuchung, Hiob zu verurteilen und sich auf eigene Einsicht zu verlassen, sehr groß. Dasselbe gilt auch für die Geschichte Israels: Nur wenigen der Heidenchristen ist es in den letzten zweitausend Jahren gelungen, nicht der Versuchung zu erliegen, Israel zu verurteilen und sich selbst an seinen Platz zu stellen. Und obwohl wir heute mit Riesenschritten auf das Ende der Weltgeschichte zueilen, ist doch die Zeit des letzten Kapitels noch nicht gekommen, wo das Unrecht derer, die uns anprangern, ebenso offensichtlich sein wird wie das Unrecht der Tröster Hiobs am Ende seines Buches. Darum brauchen wir Gottes Wort so dringend, um zu verstehen, was mit Israel vor sich geht. Das Buch Hiob bringt nicht nur Licht in unsere Geschichte, es ist im Grunde genommen einer der Schlüssel Gottes, der sie im Geist und in der Wahrheit aufschließt. Es ist ein Spiegel Gottes, der unseren Weg widerspiegelt, der uns erlaubt, diesen Weg mit Gottes Augen zu sehen und zu verstehen, in welch erschreckend großem Missverhältnis seine Pläne zu der menschlichen Interpretation stehen.

Die Tröster, die zu Hiob kommen, sehen in seinem Leiden die Hand Gottes. Auf dieser Grundlage klagen sie ihn an und verurteilen ihn. Der »himmlische Prolog« lässt aber keinen Zweifel offen, dass es Gott ist, der das alles zulässt. Es ist eine der Hauptlektionen des Hiobbuches, die keineswegs nur für die Tröster bestimmt ist, dass aus dem offensichtlichen Leiden keine Gesetzmäßigkeit wie »auf Sünde folgt Strafe« abgelesen werden kann. Der Prolog erklärt deutlich, dass das von Gott zugelassene Leiden mit Strafe für die Sünde nichts zu tun hat. Im Gegenteil: Hiob ist auserwählt, weil Gott ihn von Anfang an geliebt und geachtet hat: *»Seinesgleichen gibt es nicht auf der Erde, so untadelig und rechtschaffen, er fürchtet Gott und meidet das Böse.«*[54] Auch Hiobs Leben war bestimmt nicht ohne Sünde. Ich habe den starken Eindruck, dass im Leben dieses aufrichtigen, Gott scheinbar ganz hingegebenen Mannes eine wirklich lebendige Beziehung zu dem Einen fehlte, dessen Existenz ihm immer bewusst war, zu dem er regelmäßig betete und dem er pflichtbewusst seine Opfer darbrachte. Deshalb musste Gott ihn durchschütteln, um so die Illusion seiner Selbstgefälligkeit zu zerstören. Ich weiß aber, dass die Geschichte von Hiob in erster Linie die Geschichte einer besonderen Erwählung und einer besonderen Berufung ist. Der Autor macht uns sehr zielstrebig zu Zeugen des Dialogs zwischen Gott und Satan, damit wir uns selber überzeugen können: Gott hat Hiob aus allen Menschen ausgewählt und ihm einen ganz speziellen Platz zugewiesen. Gerade in diesem besonderen Platz in Gottes Plan, für den Gott ihn erwählt und an den Gott ihn gestellt hat, besteht der Unterschied zwischen Hiob und all seinen frommen Tröstern. Und obwohl er den Plan Gottes nicht ganz versteht, spürt er doch seinen besonderen Platz darin: *»Auch ich könnte reden wie ihr, wenn ihr an* ***meiner Stelle*** *wäret.«*[55]

Ich schreibe heute aber nicht über Hiob, sondern über Israel, und der besondere Platz Hiobs in Gottes Plan ist für mich nur insofern wichtig, als er uns auf den besonderen Platz unseres Volkes in Gottes Plan hinweist. Die Geschichte Israels erinnert an die Geschichte Hiobs in Bezug auf das Leiden, durch das der Herr

Israel führt. Noch mehr gleicht unser Weg dem Weg Hiobs hinsichtlich des besonderen **Platzes** in Gottes Plan, zu dem er uns wie auch Hiob auserwählt hat. Israel ist Gottes erstgeborener Sohn, sein Eigentum, sein auserwähltes, besonderes Volk, das sich durch besondere Nähe zu ihm vor allen anderen Völkern auszeichnet. *»Denn welche große Nation hätte Götter, die ihr so nahe sind, wie Jahwe, unser Gott, uns nah ist, wo immer wir ihn anrufen?«*[56]

Zwei Jahrtausende sind vergangen, seit Israel sich plötzlich – historisch betrachtet in einer einzigen Stunde – in ein gejagtes, ausgestoßenes, von Gott scheinbar verlassenes Volk verwandelte. Von allen andern unterschied es sich nun so: *»Wer auf sie stieß, fraß sie auf, und ihre Feinde sagten: Wir begehen kein Unrecht; sie haben ja gegen den Herrn gesündigt, den Hort der Gerechtigkeit, die Hoffnung ihrer Väter.«*[57] Schon seit zweitausend Jahren wird also in unseren Leiden Gottes Strafe gesehen. Seit der Zeit, als die schreckliche Tragödie der Zerstörung Jerusalems und des Tempels unser Volk heimgesucht hat, werden wir angeprangert und verurteilt, wird Israel als das Volk angesehen, das vom himmlischen Vater verworfen und verdammt wurde zur Strafe für seine Untreue und seinen Abfall. Unsere zahllosen Nöte haben bloß als Beispiele gedient, die die »Heiligen« »erfreuten«, indem sie immer wieder unsere Schuld und Gottes gerechtes Gericht aufzeigten. Seit jener Zeit werden all die unermesslichen Leiden, die über Israel hereingebrochen sind, unweigerlich als Gottes Strafe angesehen, als Zeichen dafür, dass Gott sein Volk verworfen hat. Nicht zufällig hat uns Gott viele Jahrhunderte vorher das Buch Hiob gegeben. Mit dieser tragischen, qualvollen Geschichte wollte er uns auf unsere eigene tragische und qualvolle, mit Blut und Rauch getränkte Geschichte vorbereiten. Er wollte uns lehren, den Glauben und das Vertrauen Hiobs zu haben. Mit Gottes Gnade überwand dieser nicht nur körperliche Leiden und seelischen Verlust, er ertrug auch die schreckliche Qual menschlicher Anschuldigung, gesündigt zu haben und von Gott verlassen zu sein.

Es ist für mich als messianische Gläubige sehr schmerzlich, zugeben zu müssen, dass gerade Jeshuas Kommen in diese Welt der Anfang dieses leidvollen Weges ist und den Aufstieg an **jenen Ort** in Gang setzt, den der Vater für uns ausgewählt hat und an den er selbst uns hinaufführt. Als Jeshua in seine Herrlichkeit eingegangen war, fing für Israel der schwere Aufstieg zum Opferaltar an. Und wie Isaak ahnte auch Israel nichts davon. Jeshua ist *»am dritten Tag«* auferstanden. Sein Auftrag auf Erden war vollendet und ein neuer Zeitabschnitt begann. Wie als Vorschau auf diesen Tag heißt es in 1Mose 22,4: *»Als Abraham* ***am dritten Tag*** *aufblickte, sah er den Ort von weitem.«*[58] An diesem *dritten Tag* fing unser Aufstieg an. *Von ferne,* durch die Jahrhunderte hindurch, als der Herr *jenen Ort sah*, lud er *Holz für das Brandopfer* auf unseren Rücken, nahm *Feuer und Messer* und führte das nichts ahnende Israel zum Altar. Die neutestamentliche Interpretation des Tenach sieht im Holz, das auf Isaak gelegt wurde, ein Symbol für das Kreuz. Aber auch im Midrasch heißt es: »Abraham nahm das Holz für das Brandopfer und legte es auf Isaak – so wie das Kreuz auf die Schultern des Menschen gelegt wird, der zur Kreuzigung geführt wird.«[59] Wie war es möglich, dass die jüdischen Weisen diesen – aus Sicht der Auseinandersetzung mit dem Christentum so gefährlichen – Vergleich mit dem Kreuz wagten? Ich kann es nur damit erklären, dass die wahre Offenbarung von Gottes Vorhaben mit Israel durch diesen biblischen Text hindurchgeschimmert und alle anderen Überlegungen und Befürchtungen überwogen hat. Isaaks Weg ist der gleiche Weg, den der Vater uns führt: Zweitausend Jahre schon trägt Israel, des Mordes am Heiland beschuldigt, dieses Kreuz, an dem Jeshua hingerichtete wurde, und Feuer und Messer begleiten uns, die »Christusmörder«, ständig auf diesem leidvollen Weg. Obwohl der Schmerz um seinen Sohn das Herz des Vaters beinahe zerreißt, führt er uns, wie Abraham seinen Sohn, schweigend weiter. *»So gingen beide miteinander.«*[60]

Gemeinsam auf dem Weg

Mir kommt eine Erzählung von Ilja Ehrenburg in den Sinn, die mich einst tief berührt hat. Darin lässt der Autor seinen ungläubigen Helden Lasik ein erstaunliches Gleichnis erzählen. Es ist so tiefgründig, dass es scheint, als hätte Gott es ihm persönlich erzählt. Die Geschichte spielt im mittelalterlichen Rom, wo in der Fastnachtszeit verschiedene Aufführungen und Spiele zur Unterhaltung des Papstes und seiner Gefolgsleute organisiert wurden. »Da der Papst ein Freund der Fastnacht war, dachte er sich einen fabelhaften Spaß aus: Die Juden sollten zur allgemeinen Belustigung einen Renner stellen. Dieser unglückselige Renner sollte in der Fastnacht dreimal um die ganze Stadt herumlaufen, und zwar splitternackt. Der Papst aber würde mit seinen Bischöfen und Damen auf goldenen Hockern sitzen und sich totlachen.« Sollte der Jude anhalten, so würden die Rossknechte des Papstes bereit stehen, um ihn mit Knüppeln zum Weiterlaufen zu bringen.

Es war klar, dass der ärmste Jude in der Stadt zu diesem Läufer ernannt wurde, da alle anderen sich loskaufen konnten. Aber dieser arme Schneider hatte nichts außer einer Frau und sechs Kindern. »Er hieß, sagen wir, Leiser. Ich nehme an, dass er der Großvater meines Großvaters war«, sagt der Held in Ehrenburgs Roman, ein ebenso armer, unglücklicher Jude, dessen Leben nur aus Schlägen und Beleidigungen besteht. »Die Stunde des Laufes war gekommen. Der Papst bekreuzigte sich… und erstieg seinen Hocker, und ihm zur Seite nahmen verschiedene Priester und schöne Damen Platz. Es waren alles gottesfürchtige Leute, und der Papst selbst war unter ihnen, deshalb hatten sie überall die Bilder ihres barmherzigen Gottes aufgestellt«, erzählt Lasik seinem katholischen Zellenkameraden. Goldene, silberne, mit Brillanten geschmückte Ikonen – unter ihren Augen sollte dieser »Wettkampf« stattfinden. Der Papst läutete also die Glocke, und das menschliche Rennpferd wurde vorgeführt. Seine Frau und seine Kinder, die alle schrecklich schrien, begleiteten ihren Mann und Vater in den Tod. Leiser verabschiedete sich von ihnen, verabschiedete sich vom Leben – und rannte los.

So fing der dem Tod geweihte Jude seinen letzten Lauf an. Überall standen Rossknechte. Sie passten auf, dass das menschliche Pferd nicht ausruhte. außer den Rossknechten standen Zuschauer da: Wen hätte es nicht interessiert, sich so ein zweibeiniges Rennen anzusehen? … Und sie alle riefen lachend: »Lauf zu, alter Gaul!« Und Leiser antwortete sanftmütig: »Ich laufe schon.«
So lief er einmal rund um Rom herum. Er konnte kaum die Füße heben, und immer häufiger schlugen ihn die Rossknechte mit den bereitgehaltenen Pferdepeitschen, so dass ihm das Blut über den ganzen Körper rann. Aber er musste ja noch zweimal herumlaufen, und er wusste, dass er das nicht schaffen konnte. Er nahm seine ganze Kraft zusammen und lief weiter, um sein unglückliches Leben wenigstens um einige Augenblicke zu verlängern. Als er abermals sein unglückliches Weib erblickte und seine sechs Kinder und den goldenen Hocker mit dem Papst, da verlor er alle Hoffnung. Er brach zusammen und wartete auf den Tod. Plötzlich bemerkte er einen zweiten Läufer, einen anderen Juden. »Woher kommen Sie?« schrie das unglückliche Opfer. »Wer sind Sie? Verschwinden Sie! Ich bin es, der hier laufen und sterben muss!«

»Ich muss auch laufen«, antwortete der Unbekannte. »Ich heiße Jeshua, und ich kann nicht ruhig zusehen, wenn in meinem Namen getötet wird. Ich laufe mit denen, die in meinem Namen verspottet werden. Haben Sie gesehen? Sie fertigen Bilder von mir aus Gold und Brillanten und stellen sie überall auf. Sie stellen sie vor die hungernden Kinder hin und vor den Galgen. Dieser Papst hat sich Ihren »lustigen« Tod ausgedacht, und über ihm hängt mein goldenes Bildnis. Nein, ich muss laufen. Ich habe keine Ruhe, solange mein Volk in meinem Namen umgebracht wird.«
Mit dem Wunsch, Leiser zu helfen, ihn zu retten, lief Jeshua an seiner Stelle rund um Rom. Die Rossknechte peitschten ihn. Die Zuschauer verhöhnten ihn. Als er aber bis zum Papst gelaufen war, schrie dieser, halb tot vor Lachen, ihm zu: »Heda, du alter

Gaul, beweg die Hufe! Ich will dir zeigen, was ein Papst ist! Der ist der rechtmäßige Stellvertreter des barmherzigen Christus, und jetzt kriegst du hundert Peitschenhiebe, damit du im Voraus weißt, was es heißt, unseren Gott zu kreuzigen!«[61]

Dieses Gleichnis ist wie eine traurige, aber eindrückliche Illustration dessen, was ich in diesem Buch zu sagen versuche. Dem Schriftsteller, der nicht an Jeshua glaubte, der aber ein feinfühliges, aufrichtiges Herz hatte, war jene geistliche Wahrheit aufgetan worden, von der sich leider viele Christen abwenden: Der schreckliche Schmerz Israels, das diesen qualvollen Weg gehen muss, das zu Verfolgung und Leiden erwählt ist und dazu noch beschuldigt wird, den Erlöser gekreuzigt zu haben – das ist auch der schreckliche Schmerz Jeshuas, der mit ansehen muss, wie sein Volk, das ihn angeblich verworfen hat, in seinem Namen geplagt und getötet wird. Das ist auch der schreckliche Schmerz des Vaters, der Messer und Feuer mit sich tragend, vor seinem Sohn hergeht – *»obwohl er der Sohn war, hat er durch Leiden den Gehorsam gelernt«*[62] – und das Holz für das Brandopfer, das er trägt, gleicht dem Kreuz, an dem der Sohn gekreuzigt wurde. Wir haben uns die Frage schon einmal gestellt, wem der Aufstieg auf den Berg Morija wohl schwerer gefallen sei, dem Vater oder dem Sohn. Für mich ist der Schmerz des Vaters die einzig mögliche Antwort, wenn ich über die Leiden meines Volkes, über alle Schmerzen und Qualen unserer tragischen Geschichte nachdenke. *»So gingen beide miteinander.«*[63]

Eine versteckte Warnung

Paulus war ein Mann Gottes, dem die Geheimnisse Gottes durch den Heiligen Geist offenbart wurden und der gerade deswegen keinen Augenblick an der Erwählung Israels zweifelte. Er wendet sich an die Heiden, wie wenn er sowohl den Prolog als auch das letzte Kapitel der Geschichte Israels gelesen hätte und diese von Anfang bis Ende kennte, so wie der Bibelleser die Geschichte

Hiobs kennt. *»Damit ihr euch nicht auf eigene Einsicht verlasst, Brüder, sollt ihr dieses Geheimnis wissen: Verstockung liegt auf einem Teil Israels, bis die Heiden in voller Zahl das Heil erlangt haben.«*[64] Leider haben nur sehr wenige Christen diese Warnung des Paulus vernommen: sich nicht auf Kosten Israels auf eigene Einsicht zu verlassen (wörtlich im Griechischen: nicht weise sein in den eigenen Augen). Hiobs Tröster berauschten sich geradezu an der eigenen Weisheit und Frömmigkeit – und wurden von Gott bloßgestellt: *»...denn ihr habt nicht recht von mir geredet.«* Ganz ähnlich *redet* das traditionelle Christentum. Es ist überzeugt, dass seine Anklagen gegen Israel aus seiner Frömmigkeit und Treue zu Gott kommen und verdreht so sein Wort. Wir brauchen nicht weit zu gehen, um ein anschauliches Beispiel zu finden.

In Römer 11, Verse 9 und 10, zitiert Paulus aus Psalm 69: *»Und David sagt: Ihr Opfertisch werde für sie zur Schlinge und zur Falle, zur Ursache des Sturzes und der Bestrafung. Ihre Augen sollen erblinden, so dass sie nichts mehr sehen; ihren Rücken beuge für immer.«* Üblicherweise bezieht man diese Worte auf die Verstockung Israels, aber ich glaube, unter der Oberfläche verbirgt sich auch eine Warnung an die Heiden. Dieser erstaunliche Psalm, ein messianischer Psalm, der das Leiden Jeshuas am Kreuz prophezeit, spricht mit Gott unter anderem über *»Feinde«*[65]. Während der Psalmist durch Gottes Geist von den Leiden des Messias spricht, beschreibt er doch ursprünglich die Leiden Israels, und wenn er von Feinden spricht, meint er besonders diejenigen, die Israel verfolgen: *»...die dich schmähen..., die mich grundlos hassen...,* die *den Schmerz dessen mehren, der von dir getroffen ist.«*[66]
Die Worte *»Ihr Opfertisch werde ihnen zur Schlinge...., ihren Rücken beuge für immer«* sind für solche Leute gemeint. Für sie bittet er den Herrn: *»Gieß über sie deinen Grimm aus, dein glühender Zorn soll sie treffen!«*[67] In diesem Fall steht nicht Israel unter einem Fluch, sondern seine Feinde, seine Verfolger, die es ohne Ursache hassen. Wenn er von der Verstockung Israels spricht, ist Paulus felsenfest überzeugt, dass die Nationen über

Israel keine Schadenfreude aufkommen lassen dürfen. *»Rühme dich nicht…«,* sagt er, *»haltet euch selbst nicht für klug.«*[68] In ihrer ganzen Härte sind die Worte des Psalms durchaus angemessen, wenn man an Gottes dauerhaftes Versprechen denkt: *»Ich will segnen, die dich segnen; wer dich verwünscht, den will ich verfluchen.«*[69] Die Kirche jedoch hat die Warnung von Paulus nicht beachtet, sich nicht zu rühmen, nicht überheblich zu sein. Ähnlich wie die Tröster Hiobs hat sie von ihm *»nicht recht geredet«* und läuft Gefahr, all die Flüche auf sich zu ziehen, die der Psalm 69 beschreibt.

Die Logik des Anklägers

Es ist offensichtlich, dass die ursprünglichen Flüche dieses Psalms sich in erster Linie gegen die Feinde und Hasser richten, die unser Volk in riesiger Menge hat. Auch Hiob sprach ja mit großer Bitterkeit von den vielen, die ihn verhöhnten und verspotteten. Doch sogar unter den Freunden Israels – ich danke von Herzen für sie! –, die Israel wirklich zugetan sind, die für uns beten, uns lieben und unterstützen (nicht selten trotz einer gleichgültigen, ja sogar feindlichen Haltung ihrer Gemeinden, Kirchen und Verbände), gibt es leider viele *Tröster*, die mit unglaublicher Gedankenlosigkeit die »Diagnose« für unsere Krankheiten stellen und allzu gut wissen, warum Israel leidet. Es waren ja auch Hiobs Freunde, die für sich herausnahmen, was eigentlich nur Gott zusteht: zu richten und zu verurteilen. Und wenn ich bei Marzinkovsky[70], der den Juden sein ganzes Leben geweiht hat, lese, dass die Ursache aller Leiden der geistliche Rückgang der Juden sei, dann begreife ich, dass es ein »Tröster-Syndrom« gibt, mit dem praktisch die ganze Christenheit angesteckt ist: **In allem, was in den letzten zweitausend Jahren mit Israel geschehen ist, sehen sie Gottes Strafe**. Etwas vom Wichtigsten, was Gott mich in diesem Kapitel zu sagen beauftragt hat, lässt sich in einem Satz zusammenfassen: Das ist vor Gott eine Lüge – so wie all die beschuldigenden und verurteilenden Reden von Hiobs Tröstern vor

Gott eine Lüge waren. Die Logik von Hiobs Tröstern, genauer von Hiobs Anklägern, ist die Logik Satans, *»des Anklägers unserer Brüder«*[71]. Satan versucht zuerst, Hiob bei Gott zu verleumden. Doch als ihm das misslingt, ist er mit dieser Strategie bald viel erfolgreicher bei den Menschen. Es gelingt ihm, sie davon zu überzeugen, dass die Leiden Hiobs eine Folge seiner geistlichen Schwäche sind. Genau dasselbe geschieht mit Israel. Obwohl der Satan Israels Treue zu Gott sehr gut kennt, gibt er sich große Mühe, uns bei den Menschen zu verleumden und in den Köpfen der Christen das »Tröster-Syndrom« zu verstärken. Wenn man auf unsere tragische Geschichte schaut, dann versteht man, wie erfolgreich er darin war. **Satan selbst steht hinter der traditionellen Sicht unserer Geschichte, die in Israels Leiden der letzten zweitausend Jahre nur die Strafe Gottes sieht und Israel als von Gott auf ewig verworfen betrachtet.** Es ist an der Zeit, dass die Gläubigen endlich erkennen: Im Gegensatz zum Unheil, das Israel gemäß dem Tenach getroffen hat und das Gott selber eindeutig als Strafe bezeichnet, sind die Leiden Israels nach dem Kommen Jeshuas nicht nur Strafe. **Israel wurde,** wie Hiob, **auserwählt,** in Gottes Plan **einen besonderen Platz als Opfer einzunehmen**. Alles, was sich mit Israel seit dem Kommen Jeshuas zugetragen hat, diente dazu, *»dass durch ihr Versagen das Heil zu den Heiden kam, um sie selbst* (die Israeliten) *eifersüchtig zu machen«*[72]. Israel ist gefallen, damit die Heiden gerettet werden können.

Hier möchte ich eine Präzisierung anbringen. Aus all dem Gesagten kann selbstverständlich nicht entnommen werden, dass Israel etwa keine Umkehr braucht. Zweifellos muss mein Volk Umkehr und Erneuerung erleben. Jeder Jude, jeder Israeli ebenso wie jeder andere Mensch braucht eine lebendige, persönliche Beziehung zu seinem Schöpfer. Dafür beten jetzt Tausende von messianischen Gläubigen unter Tränen. Doch die Verbindung zwischen dem geistlichen Zustand Israels und seinen Leiden, die Satan in den Köpfen vieler festgesetzt hat, muss durchbrochen werden. Gehen wir noch einmal zum 69. Psalm. Dort ist mit aller

Deutlichkeit gesagt: *»Gott, du kennst meine Torheit, meine Verfehlungen sind dir nicht verborgen.«* So wendet sich der Psalmensänger an Gott und fügt dann gleich hinzu: *»Wer auf dich hofft, Herr, du Herr der Heere, soll durch mich nicht scheitern; wer dich sucht, Gott Israels, gerate durch mich nicht in Schande.* ***Denn deinetwegen erleide ich Schmach****; und Schande bedeckt mein Gesicht.«*[73] *»Deinetwegen«!* Um seiner selbst willen, um seiner Ziele und Pläne willen hat Gott Israel erwählt und es zu seinem Volk gemacht, einem Volk, dessen *Torheit und Verfehlungen nicht verborgen sind vor ihm,* und hat ihm einen ganz besonderen Platz zugewiesen. Alles, was Israel in den letzten zweitausend Jahren erlebt hat, ist die Folge dieser Erwählung. Wir werden noch ausführlicher über den Sinn dieses besonderen Platzes sprechen und auch darüber, wozu Gott die Leiden Israels gebraucht. Für den Moment ist mir wichtig, dass es klar und eindeutig zum Ausdruck kommt: **Israel ist nicht gestraft, sondern erwählt**. Wer sich auf einen anderen Standpunkt stellt und von ihm *nicht recht redet,* der verwirft Gottes Sicht der Dinge und schließt sich der Sicht des Feindes an, der sich Gott in allem widersetzt.

Der Morgen bricht an

Im Buch Jesaja finden wir erstaunliche Worte, die unsere heutige Zeit charakterisieren: *»Aus Seïr ruft man mir zu: Wächter, wie lange noch dauert die Nacht? Wächter, wie lange noch dauert die Nacht? Der Wächter antwortet:* ***Es kommt der Morgen, es kommt auch die Nacht.«***[74] Wahrscheinlich haben das die Gläubigen zu allen Zeiten empfunden, doch es scheint mir, dass dieses Gefühl gerade heute besonders stark ist. Obwohl die Morgendämmerung langsam näher kommt, verdichtet sich die Dunkelheit immer noch. In der Welt wird es beinahe spürbar dunkler und schrecklicher. Und aus dieser »vordämmerigen« Düsternis heraus wenden wir uns an sein Wort, *»denn es ist ein Licht, das an einem finsteren Ort scheint, bis der Tag anbricht«.*[75] Die Bibel wird nicht selten mit einer Wanderkarte verglichen, die der Wanderer an einem unbekannten Ort zu Rate zieht. Ob er den Bestimmungsort erreichen wird, hängt vor allem davon ab, wie genau er, der keine Ahnung von den Örtlichkeiten hat, die Karte lesen und sie in die Landschaft übertragen kann und wie stark er ihr vertraut. Dieser Vergleich wird noch überzeugender, wenn wir uns vorstellen, dass uns an diesem unbekannten Ort die Nacht überrascht. In völliger Dunkelheit beugen wir uns mit einer kleinen Taschenlampe als einziger Lichtquelle über die Karte. Lasst uns an diesem Licht festhalten, um uns in der Dunkelheit nicht zu verirren. Lasst uns dieser Karte vertrauen, damit wir nicht vom Weg abkommen. Niemand hat den Prolog zur Geschichte Israels gelesen, und das letzte Kapitel ist noch nicht geschrieben. Uns liegen aber Vor- und Nachwort der Geschichte Hiobs vor. Wir wollen zusammen das letzte Kapitel aufmachen, in dem nicht nur der Leser, der den Prolog kennt, sondern auch alle direkt Beteiligten zum ersten Mal die Geschehnisse aus Gottes Sicht betrachten können.

Ohne dieses 42. Kapitel des Buches Hiob ist der Plan Gottes mit Hiob – genau wie der Plan Gottes mit Israel – undenkbar. Hier wird die Dunkelheit vom Licht und die Nacht von der Morgendämmerung abgelöst. Hier vermischen sich die Tränen mit Freude. Hier wird Hiobs Ansehen wiederhergestellt, und auch Israel wird gerechtfertigt werden. Vierzig Kapitel lang war Hiob in den Augen seiner Freunde und Feinde von Gott verworfen, in Leid und Erniedrigung beinahe schon tot. Und nun liegen die Zeilen des letzten Kapitels vor uns, die knapp, aber inhaltsschwer und erschütternd die Rehabilitierung, die Annahme, *»Leben aus dem Tod«,* beschreiben. Vertiefen wir uns in diese Zeilen. Sie sind für uns, die wir noch in der Nacht leben, wie die Verheißung dessen, was uns der anbrechende Morgen bringen wird. Die ersten Worte Hiobs in diesem letzten Kapitel zeigen deutlich, wie sehr er sich verändert hat, wie groß der Unterschied zu jenem Hiob ist, der seine Rede im 31. Kapitel beendet, wo es heißt: *»Zu Ende sind die Worte Hiobs.«*[76] Nun sagt er zu Gott: *»Vom Hörensagen nur hatte ich von dir vernommen; jetzt aber hat mein Auge dich geschaut.«*[77] Mit diesen einfachen Worten sind Anfangs- und

Schlusspunkt jenes unglaublich komplizierten, schweren und leidvollen Weges bezeichnet, den sein Herz gegangen ist. So gerecht und fromm unser Held am Anfang auch war, der Hiob am Schluss unterscheidet sich von dem am Anfang durch ein neues Herz, ein auferstandenes, wiedergeborenes Herz, das den lebendigen Gott erkannt hat. Das Unrecht der Freunde, das Gott im nächsten Vers selbst entlarvt, bedeutet aber nicht, dass Gott in Hiobs Herzen nicht etwas bewirken musste. Seine ganze Gerechtigkeit und Frömmigkeit waren nur der Ausgangspunkt seiner Suche nach dem lebendigen Gott. Und Gott kam Hiob entgegen, antwortete ihm, offenbarte sich ihm, doch dazu musste Hiob den Weg gehen: den Weg von den zerrissenen Kleidern im ersten Kapitel zum zerrissenen Herzen in den letzten Kapiteln.

Ich brauche kaum zu erklären, dass vor uns ein Teil der Geschichte Israels liegt, der sich auf der Erde noch nicht ereignet hat, der noch nicht vollendet ist. Deswegen ist aber Gottes Plan nicht weniger zuverlässig, denn aus seiner zeitlosen Perspektive und in seinem Wort ist alles schon zur Fülle gebracht. Es kommt der Tag, prophezeit Paulus, an dem Israel, das viele für von Gott niedergeschmettert und verworfen halten, zu neuem Leben erwacht und wiederhergestellt wird: *»Denn wenn schon ihre Verwerfung für die Welt Versöhnung gebracht hat, dann wird ihre Annahme nichts anderes sein als Leben aus dem Tod.«*[78]

Unter allen Prophezeiungen darüber, wie die Endzeit für Israel aussehen wird, gibt es kaum eine eindrücklichere und treffendere Beschreibung als die in den letzten Kapiteln des Buches Sacharja. Wir wollen über diese Kapitel, angefangen beim elften, als eine weitere Parallele aus der Schrift, als eine zusätzliche Orientierungshilfe, nachdenken. Wer Sacharja liest, der versteht, dass, wie im Fall von Hiob und seinen Freunden, auch das Unrecht derer, die Israel verurteilen, keineswegs bedeutet, dass Israel keine Umkehr nötig hätte. Gott will auch in den Herzen Israels ein Werk ausführen. Das letzte und wunderbarste Kapitel unserer Geschichte liegt noch vor uns. *»Vom **Hörensagen** nur hatte ich* *von dir vernommen; jetzt aber hat mein Auge dich* ***geschaut«,*** sagt Hiob zu Gott. Dieser Übergang vom *Hören* zum *Schauen*, der in der Beziehung zwischen Hiob und Gott so offensichtlich ist, wird ebenso dramatisch und echt im Leben Israels stattfinden. Jene, die *»den Donner der Worte hörten, eine Gestalt aber nicht sahen, nur den Donner hörten«*[79], werden zum ersten Mal *»mich ansehen, den sie durchbohrt haben, und sie werden um ihn klagen«*[80] und ihn mit Tränen der Reue und Erschütterung aufnehmen. *»Sie werden auf* ***mich*** *blicken, den sie durchbohrt haben«* (im hebräischen Original heißt es והביטו אלי את אשר־דקרו) und weiter: *»und sie werden* ***über ihn*** *wehklagen«* (וספדו עליו). Diese Kombination der Pronomen *»mich«* und *»ihn«* (אלי und עליו) ist für mich eine der eindrücklichsten Stellen im Tenach, die die Zuverlässigkeit unseres Glaubens bestätigen. Jeshua, *»den sie durchbohrt haben«*, ist eins mit Gott, dem Autor dieser Worte. Darum heißt es: ***Mich***, den sie durchbohrt haben. Klagen werden sie aber um ihn, um Jeshua, den sie von Gott getrennt und nicht aufgenommen haben. Es ist unmöglich, diese prophetischen Worte ohne Tränen zu lesen und an die bevorstehende Begegnung, die Verwandlung der Herzen durch Gottes Geist, ohne Zittern zu denken.

Tröstet mein Volk

So wie das Buch Hiob einen Schluss für Hiob enthält, so enthält es auch einen für seine Tröster. Und obwohl sie beide sich vor Gott ändern und Busse tun müssen, gibt die Reue des einen denen, die ihn verurteilen, nicht Recht. Unmittelbar nach dem Gespräch mit Hiob richtet sich Gott an seine Freunde: *»Mein Zorn ist entbrannt gegen dich und deine beiden Gefährten; denn ihr habt nicht recht von mir geredet…«*[81] Darum sagen die bis dahin so wortreichen Freunde Elifas, Bildad und Zofar im letzten Kapitel kein Wort. *»Der Herr wird das im Dunkeln Verborgene ans Licht bringen.«*[82] Ihr Unrecht, ihre Doppelzüngigkeit und fehlende Liebe, sozusagen ihre »Nacktheit« sind zu offensichtlich, als dass sie etwas hätten sagen können.

Gerade hier gibt uns Gott die eindeutige Bestätigung des Irrtums derer, die in Hiobs Unheil eine Strafe für seine Sünden sahen. Ganz sicher ist im Herzen Hiobs im Verlauf dieser Geschichte vieles geschehen. Doch das ging nur ihn und Gott etwas an. Die Tröster, die versucht hatten, den Platz Gottes einzunehmen, die in ihrer »Treue zu ihm« den Freund angeklagt und verurteilt hatten, wurden von Gott ganz klar schuldig gesprochen. Die gleiche Sünde begehen auch die, die in ihrer »Treue zu Gott« Israel verurteilen.

Es gibt in der Heiligen Schrift keinen Hinweis und keinen Aufruf, **der sich an ein anderes Volk richtet**, hinzugehen und Israel anzuklagen. Welcher Sünde sich Israel auch schuldig gemacht hat, das geht nur Gott etwas an, keinen Menschen. Und nur Gott weiß, wie und wann Israel Busse tun und umkehren wird. Für Hiob kamen endgültige Reue und Läuterung erst **nach** seiner Begegnung mit Gott: *»**Darum** spreche ich mich schuldig und tue Busse, in Staub und Asche.«*[83] Das gleiche wird gemäß Sacharja auch mit Israel geschehen: Zuerst wird sich der Herr seinem Volk zeigen, zuerst wird er *»den Geist der Gnade und des Flehens ausgießen. Und sie werden auf mich blicken, den sie durchbohrt haben«,* und erst danach *»wird für das Haus David… eine Quelle fließen zur Reinigung von Sünde und Unreinheit.«*[84] Ja, Israel wird durch gewaltige geistliche Veränderungen gehen müssen. Doch dabei wird nur Gott selbst sein Volk von Sünde reinigen und niemand anderes. *»Ich tilge die Schuld dieses Landes an einem einzigen Tag,«*[85] verspricht er. Bis dann aber gilt sein Wort, das an alle Gläubigen gerichtet ist: *»Tröstet, tröstet mein Volk! spricht euer Gott«.* [86]

Israels Erwählung zum Opfer

Das Buch Hiob lehrt uns, dass Verurteilung auf Grund von Leiden *(»Bedenke doch! Wer geht ohne Schuld zugrunde?«*[87]*)* in Gottes Augen eine schreckliche Sünde ist. Das gilt ganz allgemein, in

Bezug auf Israel aber noch besonders. Gott, der Hiobs Tröster wegen ihrer Stellung zu Hiobs Leiden verurteilte, wird auch die Völker wegen ihrer Haltung gegenüber Israel und seinen Leiden verurteilen. Deswegen spricht das letzte Kapitel von Sacharja nicht nur von Israel, sondern auch von den *»Völkern, die gegen Jerusalem in den Krieg gezogen sind.«*[88] In Hiobs Geschichte nimmt Gott das Opfer der Freunde an und vergibt ihnen ihre Schuld, aber erst nachdem ihn Hiob darum gebeten hat. Gott schickt die zu Hiob, die ihn verurteilt haben, damit sie Busse tun und Hiob sich bei Gott für sie einsetzen kann: *»Mein Knecht Hiob aber soll für euch Fürbitte einlegen; nur auf ihn nehme ich Rücksicht, dass ich euch nichts Schlimmes antue. Denn ihr habt nicht recht von mir geredet wie mein Knecht Hiob.«*[89]

Die Prophezeiung Sacharjas ist die genaue Parallele dazu: *»Doch wer dann übrig bleibt von allen Völkern, die gegen Jerusalem gezogen sind, wird Jahr für Jahr hinaufziehen, um den König, den Herrn der Heere, anzubeten und das Laubhüttenfest zu feiern.«*[90] Die Völker, die Israel für einen von Gott verworfenen ausgestoßenen hielten, werden entdecken, dass Gott die ganze Zeit hindurch näher bei Israel als bei ihnen war, wie in Ehrenburgs Gleichnis. Und wenn sie von Gott angenommen und gesegnet werden wollen, dann müssen sie in Demut und Reue zu Israel kommen wie die Tröster zu Hiob.

Lesen Sie das letzte Kapitel im Buch Hiob nochmals aufmerksam durch und anschließend auch die letzten Kapitel im Buch Sacharja. Vielleicht hilft das Wissen um das, was am Ende sein wird, schon jetzt zu verstehen, dass auch heute *»Gottes Zorn entbrannt ist«* gegen jene, die *»von ihm nicht recht reden«*, indem sie Gottes Liebe zu seinem Volk falsch darstellen oder abstreiten. Auch heute schon ist sein Zorn gegen jene entbrannt, die Israels Leiden als Zeichen ansehen, dass Gott sich von seinem Volk abgekehrt hat. Alles, was mit uns geschieht, hat Gott so vorgesehen. Es ist kein Versagen, keine Unachtsamkeit Gottes, und ganz sicher keine Strafe. Wie bei Hiob geht es bei uns um eine spezielle

Berufung, um **eine besondere Erwählung dessen, den Gott besonders liebt, eine Erwählung zu einem einzigartigen Opfer**.

Der tiefe Sinn dieser Erwählung zum Opfer ist weder Israel selbst noch den vielen christlichen Gläubigen, die Israel lieben und bereit sind, ihm zu dienen, ganz offenbart worden. ***»Der eine sagt: Ich gehöre dem Herrn. Ein anderer benennt sich mit dem Namen Jakobs. Einer schreibt auf seine Hand: Für den Herrn. Ein anderer wird ehrenvoll mit dem Namen Israel benannt.«***[91] Der Herr schenkte mir dieses Wort bald nach meiner Bekehrung. Es vergingen aber Jahre, bis ich begriff, dass diese doppelte Erwählung nicht nur doppelten Segen, sondern auch doppelte Verantwortung bedeutet. Gott hat uns, den in Israel lebenden messianischen Gläubigen, eine schwere doppelte Last auferlegt: nicht nur unserem Volk die Wahrheit über Jeshua zu bringen, sondern auch unsern Brüdern im Glauben Erkenntnis und Wahrheit über Israel. Weil ich an das Erlösungsopfer Jeshuas glaube, das mir von meinem himmlischen Vater offenbart worden ist, kann ich meinen Landsleuten gegenüber nicht schweigen. Ebenso wenig kann ich meinen Geschwistern im Glauben gegenüber schweigen, wenn es um die Erwählung meines Volkes zum Opfer geht, die Gott mir in ähnlicher Weise offenbart hat.

Undeutlich, wie in einem Spiegel

Ist Ihnen schon aufgefallen, dass ein übereinstimmender roter Faden alle diese Stellen aus der Bibel durchzieht, die der Herr für dieses Buch ausgewählt hat? Wie in einem Spiegelsaal, in verschiedenen Perspektiven und unter verschiedenen Winkeln, verdoppelt, verdreifacht, bricht und spiegelt sich das Geheimnis Israel in verschiedenen Teilen von Gottes Wort, die scheinbar ohne Bezug zueinander sind: Hiobs Leiden und die Opferung Isaaks, die Gedanken von Paulus und die Prophezeiungen Sacharjas – jede dieser Bibelstellen beschreibt auf ihre Weise die geistliche Geschichte Israels. Darum sind sie miteinander verwandt und ergänzen einander auf faszinierende Art. Immer aber reden sie vom Gleichen, hier in einem kurzen Satz, dort in einem ganzen Kapitel.

Als ich in meiner Kindheit bei meinen Großeltern war, ging ich immer gerne in ihr Schlafzimmer und stellte mich vor den großen, alten Spiegel mit den drei Flügeln. Verzaubert beobachtete ich, wie mein Spiegelbild in eine Menge unvollständiger, aber genauer Bilder aufgeteilt wurde, wie ich mich in den Spiegelflügeln vermehrte und vielfach widerspiegelte. Hier in den unzähligen Spiegelungen entdeckte ich Dinge über mich, die ich in einem einfachen Spiegel nicht gesehen hätte. Etwas Ähnliches geschieht in diesem Buch: Die biblischen Geschichten, die auf diesen Seiten zusammengestellt sind, widerspiegeln sich in verschiedenen Winkeln und Perspektiven. Doch nur wenn der Mensch, der in den Spiegel mit den vielen Flügeln schaut, genau weiß, wie er ursprünglich ausgesehen hat, gelingt es ihm, aus all den unvollständigen, aber aus Spiegelsicht völlig übereinstimmenden Abbildungen ein Ganzes zu schaffen. Er sieht in dem, was bis zu einem gewissen Grad noch *verborgen* war und *Gott gehörte*, jenes geistliche Bild, das sich in diesen Geschichten vielfach widerspiegelt und vervielfältigt.

Ich bete darum, dass Sie den Mut finden, in diesen Spiegel zu schauen. In der Tiefe der auf diesen Seiten schillernden Spiegelungen werden Sie vielleicht ein nicht bekanntes Bild sehen – nicht irgendein anderes, »geistliches«, »himmlisches«, »neues« Israel, sondern das Israel des Tenach, das irdische, wirkliche, greifbare Israel. Nur werden Sie es jetzt mit Gottes Augen anschauen: das Israel, das der Herr auserwählt und zu seinem Volk gemacht hat und ewig liebt.

Kapitel 2

»Er zog sich in ***die Kammer zurück,***
um sich dort auszuweinen.
Dann wusch er sein Gesicht, kam zurück,
nahm sich zusammen…«

1Mo 43,30.31

»Wo ist dein leidenschaftlicher Eifer und deine Macht,
dein großes Mitleid und dein Erbarmen?
Halte dich nicht von uns fern!«

Jes 63,15

Stellen Sie sich vor, Sie haben von einem lieben Menschen einen Brief erhalten, in dem ein Thema behandelt wird, das Sie außerordentlich bewegt. Sie haben allen Grund anzunehmen, dass dieses Thema auch dem Briefschreiber nicht gleichgültig ist. Doch es macht den Anschein, dass ihm das gar nicht so recht bewusst ist. Er schreibt, wie wenn dieses Thema nur Sie etwas anginge. Und wirklich, alle seine Gedanken sind sehr wichtig für Sie. Doch plötzlich, mitten im Text, der so neutral und sachlich erscheint, tut sich ein Fenster auf, ein Fenster zum Herzen des Schreibers. Es ist, als hätte der Autor während ein paar Zeilen die Selbstbeherrschung verloren. Er schreibt von sich selbst und von dem, was er erlebt hat. Ich wette, dass diese Zeilen Sie packen. Sie lesen sie immer und immer wieder, Sie saugen jedes Wort ein und versuchen, wieder und wieder in diese wertvolle Seele hineinzuschauen.

So geht es mir mit dem Tenach. Es ist spannend für mich, die Perlen zu entdecken, die im Wort Gottes eingebettet sind und uns erlauben, in sein Herz, in seine Seele zu blicken. Es gibt nur wenige von diesen Stellen in der Bibel, doch ist jede für sich etwas ganz Besonderes. Im lebendigen Atem des Wortes Gottes kann man sie am anderen Rhythmus der Worte und auch am eigenen beschleunigten Herzschlag erkennen. Wie liebe ich diese irrationalen, keiner Logik unterworfenen biblischen Geschichten! Ich habe, wie die meisten anderen Menschen auf dieser Erde, eine logische und rationale Mentalität. Gerade darum klopft das Herz so laut, wenn es das Näherkommen einer anderen Logik, anderer Gesetze spürt, wenn wir uns unserem eigenen *Penuël* nähern, wo wir Gott, wenn nicht *»von Angesicht zu Angesicht«*[92], so doch wenigstens näher und in anderem Licht sehen können. Natürlich ist die ganze Bibel Gottes Offenbarung – aber seine Offenbarung über uns ist eine Sache, diese flüchtigen Augenblicke seiner Offenbarung über sich selbst eine ganz andere. Solche Einblicke in Gottes Herz werden uns nicht bloß gewährt, um uns emotional zu erschüttern. Sie sind auch sehr wichtig für jede Besinnung, jede Art von Gespräch des Gläubigen mit Gott. Kann es für den, der den allmächtigen Gott liebt, gewichtigere und überzeugendere Argumente geben als Gottes Tränen und seine Freude?

Die Geschichte von Josef und seinen Brüdern ist eine der Stellen in der Bibel, die uns einlädt, in Gottes Seele hineinzuschauen. Diese fesselnde und leidenschaftliche Erzählung wirft einen Lichtstrahl auf den Charakter Gottes und erlaubt uns, das große Geheimnis seiner Liebe anzurühren. In dieser Geschichte gibt es, wie überall im Leben, auch viel Schuld, Härte und Ungerechtigkeit, viel Kummer und viele Tränen. Doch es kommt der Moment, da all das mit solchem Licht, solcher Freude und Liebe überflutet wird, dass man unwillkürlich zurücktreten und die Augen mit der Hand bedecken muss, weil man diesen Glanz, dieses blendende Licht nicht aushält. Dann weint das Herz fast vor Glück. Es schmeckt etwas von jener Verheißung, die mit jedem Jahr, jedem Monat, jedem Tag dieses irdischen Lebens, mit jeder neuen Klage, jedem Schrei, jeder Krankheit immer wertvoller und gewichtiger wird: *»Er wird alle Tränen von ihren Augen abwischen … keine Trauer, keine Klage, keine Mühsal wird mehr sein. Denn was früher war, ist vergangen.«*[93]

Ich möchte die Josefsgeschichte in drei Ebenen unterteilen. Die erste, äußere Ebene: **die Brüder und Josef**, alles, was sich zwischen den Brüdern und Josef (und zwischen den Brüdern und Gott) abspielt. Wir sind im ersten Buch Mose bis zum 42. Kapitel vorgestoßen, und jetzt kommt endlich der lang ersehnte Tag, da Josefs Brüder nach Ägypten kommen und nun vor ihm stehen, seine zehn Brüder, die ihn nur deshalb nicht umgebracht hatten, weil sie ihn in die Sklaverei verkaufen konnten. *»Josef hatte seine Brüder erkannt, sie aber hatten ihn nicht erkannt.«*[94] Hier beginnt ein Spiel, das man »Katz- und Mausspiel« oder »heiß-kalt« nennen könnte. Es fängt etwas an zu geschehen, das, ähnlich wie im Hiobbuch, von außen betrachtet nicht ganz verständlich ist, denn die Hauptsache geschieht im Innern der Herzen. Von diesem Moment an ist es, wie wenn sich eine unsichtbare Hand näher und näher an das tief Verborgene, Verbotene herantastete, das sie all die Jahre hindurch nicht nur vor anderen, sondern auch vor sich selbst versteckt hatten. Jeder Schritt, jede Szene in dieser Geschichte erfüllt ihre Herzen mit immer größerer Verlegenheit und wachsender Furcht. Bei jedem neuen Ereignis spüren sie, wie es »heißer« wird, wie sich die unsichtbare Hand immer näher an das in ihren Herzen begrabene Geheimnis herantastet. Und obwohl wir wissen, dass dieser Weg, der Weg des Geistes Gottes im menschlichen Herzen, nicht genau verfolgt werden kann, wollen wir doch versuchen, die wichtigsten Meilensteine aufzuspüren.

Geheimnisse des Herzens

Als Josefs Brüder in Ägypten ankommen, lesen wir, dass Josef *»sie barsch anfuhr«* und sie der Spionage beschuldigte. Sie seien gekommen, um zu *»sehen, wo das Land eine schwache Stelle hat«*[95]. Zugegeben, diese Anschuldigung und alles, was folgt, entbehrt der normalen Logik. Josef interessiert sich kein bisschen für diese »Spionage« und ihre allfälligen Folgen. Das ganze Gespräch erinnert uns sehr an das Zwiegespräch Gottes mit Hiob in den letzten Kapiteln des Hiobbuches – so wie es an alle Zwiesprachen erinnert, die Gott mit uns führt. Was er deinem Herzen sagt, ist für andere kaum verständlich, weil es nicht für sie bestimmt ist. Für dich ist es aber voller Bedeutung. Alles, was Josef hier sagt, scheint auf den ersten Blick ohne Sinn: Warum beschuldigt er die Brüder plötzlich der Spionage? Und warum sagt er, sie müssten ihren zu Hause gebliebenen Bruder herbringen? *»So wird man euer Gerede überprüfen und feststellen können, ob ihr die Wahrheit gesagt habt oder nicht.«*[96] Wenn er sie schon anschuldigt, was gibt es denn für eine Verbindung zwischen dem daheim gelassenen Bruder und der Spionage? Wissen Sie aber, was in einem Herzen geschieht, wenn es von der Stimme Gottes überrascht wird? Mit einem Mal wird jener innerste, empfindsamste Teil des Menschen freigelegt, der jahrelang vor Gott versteckt gehalten worden ist.

Obwohl diese unerwartete Beschuldigung und die nachfolgende Forderung, den jüngsten Bruder zu holen, jeglicher Logik und sichtbaren Verbindung zur eigentlichen Anschuldigung entbehrt, scheint sie den Brüdern gerechtfertigt: *»Sie sagten zueinander: Ach ja, wir sind an unserem Bruder schuldig geworden. Wir haben zugesehen, wie er sich um sein Leben ängstigte. Als er uns um Erbarmen anflehte, haben wir nicht auf ihn gehört. Darum ist nun diese Bedrängnis über uns gekommen.«*[97] Beachten Sie, dass hier noch nicht von Gott die Rede ist. Die Brüder haben noch nicht verstanden, dass kein anderer als Gott selbst dieses Spiel mit ihnen spielt. Sie sprechen hier immer noch in unpersönlicher, passiver Form: *»Diese Bedrängnis ist über uns gekommen…Nun wird für sein Blut von uns Rechenschaft gefordert«* (נדרש דמו)[98]. Sie rechnen das, was passiert, immer noch einer gewissen Launenhaftigkeit und Härte des ägyptischen Herrschers zu, das heißt einem Zusammentreffen von widrigen Umständen. Und doch beginnt sich ihnen eine seltsame, geistliche Verbindung mit jener alten Geschichte zu öffnen. Hinter den scheinbar unzusammenhängenden sichtbaren Ereignissen beginnt eine andere, unsichtbare Logik durchzuschimmern, die Logik der Wirkung von Gottes Geist im Herzen des Menschen, den er erreichen will.

In diesem Buch, das ich Gottes Liebe zu seinem Volk gewidmet habe, wollte ich eigentlich das Thema der Schuld und Umkehr Israels nicht berühren. Doch wie es manchmal geschieht, wenn man im Vorbeigehen einen Blick in den Spiegel wirft und dort plötzlich etwas entdeckt, was man absolut nicht erwartet hat, so sind auch die Offenbarungen Gottes immer viel größer als ursprünglich angenommen. Wer das schon einmal erlebt hat, weiß, dass Gottes Wahrheit mehrdimensional ist und dass es unmöglich ist, sie in ein menschliches Standardformat zu pressen, das jeder ganz versteht. Versuchen Sie doch einmal, eine dreidimensionale Figur auf einer Ebene auszulegen. Allen Bemühungen zum Trotz wird man sie nie dazu bringen, die zusätzliche Dimension aufzugeben, die man ihr so gerne nehmen möchte. Obwohl dieser Vergleich hinkt, weil es unmöglich ist, Gottes lebendige Offenbarung mit einer leblosen geometrischen Figur zu vergleichen, gibt er uns doch eine Vorstellung von jener »zusätzlichen« Dimension, die im Göttlichen immer anwesend ist. Die mehrdimensionale Wahrheit Gottes kann man nur dann auf die flache Oberfläche der menschlichen Vorstellungen legen, wenn man ihr das ursprüngliche Volumen nimmt.
Vielleicht ist das der Grund, weshalb ich immer an Gottes Volk denken muss, wenn ich die vor Josef stehenden Brüder beschreibe und das, was durch das Wirken des Heiligen Geistes in ihren Herzen vor sich geht. Ich kann nicht davon schweigen, dass mit uns etwas Ähnliches geschieht, wenn schon der Name Jeshua nicht nur religiöse Menschen, sondern auch die weltlichsten Juden zusammenzucken lässt. Am meisten überrascht mich aber Folgendes: Ich verstehe, dass in der religiösen Tradition die Feindschaft gegen das Christentum buchstäblich mit der Muttermilch eingesogen wird und diese Feindschaft, dieser Hass gegen Jeshua hier beinahe instinktiv ist. Aber es kommt mir wie eine Ironie vor, dass sogar die weltlichen Israelis, die sich mit allen Kräften bemühen, »*wie alle anderen Völker*« zu sein und sich von allem begeistern lassen, von Yoga bis zum Marxismus, und darin keinen Verrat am Judentum sehen, dass die gleichen Leute unglaublich nervös werden, wenn die Rede auf Jeshua kommt.

Nehmen wir das israelische Pluszeichen, das sich durch sein verkürztes Querstrichlein so traurig von allen anderen Pluszeichen der Welt unterscheidet.[99] Das an sich harmlose mathematische Zeichen ohne jegliche sprachliche Bedeutung trägt dadurch eine negative Ladung von Ablehnung und Abstoßung in sich. Immer wenn es auftaucht, bemüht es sich zu zeigen, dass es nichts mit Jeshua und seinem Kreuz zu tun hat. Paradox ist nur, dass jedes Mal, wenn ich die Lehrbücher und Hefte meiner Kinder durchsehe, mich dieses »unfertige« Pluszeichen eben gerade an Jeshua und sein Kreuz erinnert. Und ich nehme an, ich bin bei weitem nicht die einzige, die in diesem verzweifelten Versuch, jede Verbindung des Zeichens zum Kreuz zu verneinen, eben gerade das Kreuz sieht. Ja, wir geben uns alle Mühe, jede Berührung mit jenem wunden Punkt, der uns schon seit Jahrhunderten Schmerzen bereitet und der mit dem Namen Jeshuas verbunden ist, zu vermeiden. Das Kreuz ist wirklich für die meisten Juden die qualvollste Erinnerung an Jahrhunderte des Leidens und der Erniedrigung. Doch irgendwo tief in unserem Herzen wissen wir, dass wir letztlich gerade an diesem Punkt eingeholt werden, dass diese Geschichte noch nicht zu Ende ist und dass die Begegnung mit Jeshua noch vor uns steht. Wir sind genau wie die Brüder, die das unausweichliche Näherkommen dieser Begegnung spüren, die deutlich merken, dass sich ein Unbekannter heimlich jenem verbotenen Ort nähert, den zu betreten sie bis jetzt noch niemandem erlaubt haben. Nach ihrer Heimkehr wussten die Brüder, obwohl sie das niemals zugegeben hätten, dass das noch nicht das Ende der Geschichte sein konnte.

Eine Begegnung mit dem lebendigen Gott

Die Brüder machen sich auf den Heimweg, der im Allgemeinen fast ohne Zwischenfälle verläuft. Fast, wenn man davon absieht, dass einer von ihnen bei einem Halt in seinem Sack die Silbermünzen entdeckt, mit denen er das Korn bezahlt hatte. *»Da verließ sie der Mut und sie sagten zitternd zueinander: Was hat uns*

Gott da angetan?«[100] Sie sind sich noch nicht bewusst, dass in dieser Geschichte viel mehr passiert als nur das Einkaufen von Korn, dass es nicht um Silbermünzen geht, sondern um die Brüder selbst, dass hier nicht ihre Gaben, sondern ihre Herzen gefragt sind. Gleichzeitig flössen die rätselhaften Umstände ihnen Angst und Unsicherheit ein, und sie verstehen immer mehr, dass hier nicht einfach etwas geschieht, sondern dass *»Gott ihnen das antut«*. Ich muss sagen, dass eine solch unerwartete Störung des normalen Lebensverlaufs, eine so plötzliche Änderung der Handschrift fast immer Gottes Hand verrät. Und obwohl das natürlich keineswegs sein einziges Mittel ist, um uns dazu zu bringen, nach ihm zu fragen, sind es doch gerade diese Dinge, die uns aus unserem gewohnten Alltagstrott aufschrecken und schütteln.

Ich erinnere mich gut an einen Traum, der vor meiner Bekehrung mein vielleicht stärkstes Erlebnis mit Gott war. Ich träumte, dass ich in mein Zimmer ging und sofort mit jeder Faser meines Körpers spürte, dass **etwas nicht so war, wie es sein sollte,** und merkte, wie mir die Haare zu Berg standen. Ich schaute mich um und versuchte herauszufinden, was der Grund für meine Angst sein könnte. Es dauerte eine Weile, bis es mir plötzlich wie Schuppen von den Augen fiel: Das Kabel des Fernsehgeräts war nicht eingesteckt, aber der Fernseher – **lief.** Ich kann nicht ausdrücken, wie schrecklich das war. Ich weiß nicht, warum Gott sich mir auf diese Weise offenbaren musste, denn ich sehe praktisch nie fern. Ich weiß nur, dass ich damals als noch Ungläubige zum ersten Mal nicht bloß verstand, nein, es buchstäblich mit der Haut spürte: Es gibt »jemand«, der mir bisher erlaubt hat, nach den Gesetzen dieser Erde zu leben, solange es Zeit ist, den es aber nichts kostet, diese Gesetze, die ganze Logik in einem einzigen Moment wegzufegen. Dieses Unfassbare, die Möglichkeit, dass »jemand« die natürlichen Gesetze missachten kann, wann immer es ihm passt, das erfüllte mich mit Schrecken.
Wahrscheinlich erschraken die Brüder genauso, als sie zu Hause in ihren Säcken das Geld entdeckten. Im Unterschied zu mir damals glaubten sie an Gott, doch waren sie lange Jahre vor ihm

auf der Flucht gewesen und hatten jene schreckliche Sünde vor ihm versteckt, für die sie bis dahin noch nicht wirklich Busse getan hatten. Als dann dieser unbegreifliche Schlag sie traf, war ihnen schrecklich zumute. Sie wollten in Ägypten doch einfach Korn kaufen, genau wie viele Jahrhunderte später die samaritische Frau am Brunnen einfach Wasser holen wollte, und erwarteten keine ungewöhnlichen Abenteuer auf ihrer Reise. Darum ist ihr Befremden über die unheimlichen Dinge, die da mit ihnen geschahen, verständlich. Wie bei einer doppelt belichteten Filmrolle, deren Bilder sich teilweise überlappen, erkennen wir Gottes noch unsichtbare Realität, die sich über ihrem alltäglichen Leben ausbreitet und durchzuscheinen beginnt. Ja, sie haben Korn gekauft und obendrein auch das Geld zurückgebracht. Aber noch etwas anderes als der Gedanke an den Bruder, den sie als Geisel in Ägypten zurückgelassenen haben, lässt ihnen keine Ruhe. Irgendwie gibt es einen seltsamen, unerklärlichen Zusammenhang zwischen dieser Geschichte und jener alten, die die Brüder zu einer grübelnden und bitteren Einheit zusammengeschweißt hat. Und obwohl Jakob sich zuerst vehement weigert, Benjamin ziehen zu lassen, wissen alle zehn in ihrem Herzen, dass diese Geschichte eine Fortsetzung haben muss.

Die zweite Reise beginnt

Die Brüder flehen ihren Vater an, Benjamin doch mit ihnen ziehen zu lassen. Zuerst übernimmt Ruben die Verantwortung, dass dem jüngsten Bruder nichts geschehen wird. Später bürgt Juda für ihn. Als sie sich dann mit Benjamin auf den Weg machen, sind sie von den schlimmsten Vorahnungen erfüllt. Sie haben Angst, man werde sie beschuldigen, das Geld, das in ihren Säcken war, gestohlen zu haben. Sie wissen nicht, ob Simeon noch lebt und ob er freigelassen wird. Am meisten befürchten sie aber, dass ihnen Benjamin, auf dessen Kommen der ägyptische Würdenträger so nachdrücklich bestanden hat, weggenommen wird. Als sie dann auf Josefs Befehl ins Haus geführt werden, *»fürchteten sie sich* *und dachten: Wegen des Geldes, das sich beim ersten Mal wieder in unseren Getreidesäcken fand, werden wir da hineingeführt. Man wird sich auf uns werfen, man wird uns überfallen und uns als Sklaven zurückhalten samt unseren Eseln«.*[101] Doch Josefs Hausverwalter, dem sie das Geld zurückgeben wollen, sagt: *»Ihr könnt beruhigt sein,... fürchtet euch nicht! Euer Gott, der Gott eures Vaters, hat euch heimlich ein Geschenk in eure Säcke gelegt... Dann brachte er Simeon zu ihnen heraus.«*[102] Ganz gegen ihre Erwartungen scheint am Anfang alles in Ordnung zu sein. Und es wird noch besser, als sie wieder – diesmal mit Benjamin – vor Josef stehen. Er redet nicht nur um einiges weicher und freundlicher mit ihnen als beim ersten Mal, er lädt sie auch noch zu einem gemeinsamen Essen ein, wo sie sich der Reihe nach setzen müssen, so *»dass der Erstgeborene den ersten und der Jüngste den letzten Platz einnahm«*. Und wieder macht es den Anschein, als wäre jemand hier, der sie kennt und alles über sie weiß. *»Da blickten sich die Männer verwundert an.«*[103]

»Als es am Morgen hell wurde, ließ man die Männer mit ihren Eseln abreisen.«[104] Ich habe den Eindruck, diese Morgendämmerung müsse grau und trüb gewesen sein und einen düsteren Tag verheißen haben. Und doch denke ich, dass die Brüder erleichtert waren und ihre Herzen jubelten, so dass sie gar keinen Sonnenschein nötig hatten. Alles ist erstaunlich gut abgelaufen. Alle Brüder – auch Simeon und Benjamin – sind auf dem Heimweg. Ihre Säcke sind voll Korn. Und der strenge ägyptische Herrscher hat sich mit einem Mal als ihr Freund erwiesen und sie sogar zum Essen eingeladen. Thomas Mann schreibt in seinem »Josefs-Roman«, Benjamin habe gespürt, dass sie irgendein ungeklärtes Geheimnis zurückgelassen hätten, und habe darum nicht abreisen wollen. Es könnte so gewesen sein, denn diese Geschichte wurde so klar mit Gottes Handschrift geschrieben, dass ein feinfühliges Herz unbedingt etwas spüren musste. In der Bibel ist darüber aber nichts gesagt. Wir wissen einfach, dass sie sich im Morgengrauen auf den Weg machen. Wir wissen aber auch, dass Josef seinem Hausverwalter vorher befohlen hat, in

Benjamins Sack seinen, Josefs, silbernen Becher zu legen, und das sicher zum großen Erstaunen des Verwalters und des Lesers, der diese Zeilen zum ersten Mal liest. Dann geht es weiter: *»Sie hatten sich noch nicht weit von der Stadt entfernt, da sagte Josef zu seinem Hausverwalter: Auf, jage hinter den Männern her! Wenn du sie eingeholt hast, sag ihnen: Warum habt ihr Gutes mit Bösem vergolten und mir den Silberbecher gestohlen? Das ist doch der, aus dem mein Herr trinkt und aus dem er wahrsagt. Da habt ihr etwas Schlimmes getan. Der Hausverwalter holte sie ein und sagte zu ihnen, was ihm aufgetragen war.«*[105]

Halten wir hier einen Moment inne und versuchen wir uns diese elf vorzustellen. Sie freuen sich schon auf die Begegnung mit dem Vater und ihren Familien. Sie stellen sich vor, wie sie davon erzählen werden (nicht ohne aufzuschneiden), wie sie mit einem Mal »Freunde« des ägyptischen Machthabers wurden und überzeugt waren, dass alles gut herauskommen würde. Wie hatten sie sich über die plötzliche Freundlichkeit des eigenwilligen Herrn gefreut. Und nun dies! Die Hand, die sie einige Schritte hatte gehen lassen, hält sie erneut zurück. Was geht in ihren Köpfen vor? Sie haben sich schon in Freiheit und Sicherheit geglaubt, als sich herausstellt, dass das bloß die Fortsetzung des Katz- und Mausspiels ist. *»Er durchsuchte alles, beim Ältesten begann er und beim Jüngsten hörte er auf.«*[106] Ich sehe sie vor mir bei dieser Durchsuchung: Keuchend und mit roten Köpfen versuchen sie, mit dieser neuen Erschütterung fertig zu werden. Sie sind gekränkt durch die völlig ungerechtfertigte und unbegründete Beschuldigung. *»Sieh her, das Geld, das wir oben in unsern Getreidesäcken fanden, haben wir dir aus Kanaan zurückgebracht. Wie könnten wir da aus dem Haus deines Herrn Silber oder Gold stehlen?«*[107] Überzeugt von ihrer Unschuld stellen sie ihre Säcke vor die Diener des ägyptischen Herrn, der sie einfach nicht in Ruhe lässt. Ein Gemisch von Gefühlen der Verwirrung und Angst, der Kränkung und des Triumphs über den bevorstehenden Beweis ihrer Unschuld erfüllen sie. Bald wird alles zu Ende sein, noch einen Augenblick, und man wird sie endlich ziehen lassen. Dann können sie nach Hause zurückkehren, möglichst weit weg von diesem seltsamen und schrecklichen Ort, der offensichtlich ein Geheimnis verbirgt. Möglichst weit weg von diesem seltsamen und schrecklichen Menschen, vor dem ihre Herzen erzittern und der sie an die alte Untat denken lässt… Noch einen Augenblick, da ist nur noch Benjamins Sack. Aber wie kann man ihn, den Jüngsten, den Unschuldigsten, überhaupt verdächtigen? Warum muss man seinen Sack durchsuchen? Die Brüder können vor Ungeduld kaum stillstehen. Jeder hat seinen Esel schon beladen. Sie sind bereit aufzubrechen – macht fertig, los jetzt! Was gibt es denn da noch? … Was?! Ich höre das zehnfache Stöhnen am Schluss dieses Verses: »*Der Becher fand sich im Sack Benjamins.*« Nur Benjamin bleibt sprachlos und gibt keinen Ton von sich.

Benjamin

Das ist der kritische Punkt in unserer Geschichte. Gerade hier wird zum ersten Mal klar, wovon oder besser gesagt von wem diese Geschichte handelt. Schauen Sie nochmals hin, dann können Sie die schnelle Umgruppierung der Schauspieler auf der Bühne beobachten. Anstelle der elf Brüder, die als eine geschlossene, einheitliche Gruppe aus Ägypten weggingen, sehen wir jetzt eine dicht zusammenstehende Zehnergruppe, der ein Einzelner gegenübersteht. Jener, der bis jetzt am wenigsten aufgefallen ist, der weder bei dem Verbrechen der Brüder noch bei der ersten Begegnung mit Josef dabei war und aus dessen Mund in der ganzen Bibel kein Wort zu hören ist, er steht jetzt völlig unerwartet, sicher auch für ihn selbst, im Zentrum der Ereignisse. Es ist, wie wenn sich die äußere Schale der Erzählung geöffnet hätte und darunter die tiefere Schicht im Innern zum Vorschein kommt, der nächste Kreis – **die Brüder und Benjamin.**

Ähnlich wie bei Hiob werden dem Leser Einzelheiten gezeigt, die den Beteiligten noch verborgen sind. Im Gegensatz zu ihnen wissen wir, dass niemand anders als Josef die Sache mit dem Becher inszeniert hat und somit auch der eigentliche Schuldige an Benjamins Leiden ist. Warum verhält sich Josef so? Warum setzt er ausgerechnet seinen Lieblingsbruder dieser Prüfung aus? Josef hat ja schon bei der ersten Begegnung erfahren können, dass die Brüder bereuten, was sie ihm damals angetan hatten: *»Sie sagten zueinander: Ach ja, wir sind an unserem Bruder schuldig geworden. Wir haben zugesehen, wie er sich um sein Leben ängstigte. Als er uns um Erbarmen anflehte, haben wir nicht auf ihn gehört. Darum ist nun diese Bedrängnis über uns gekommen.«* Wir erinnern uns, dass Josef diese Worte hörte (die Brüder wussten ja nicht, dass er sie verstand), und *»er wandte sich von ihnen ab und weinte.«*[108] Ich denke, von Josefs Seite war die Beziehung zu seinen Brüdern in diesem Moment bereits in Ordnung. Die Brüder haben für ihre Schuld an Josef Busse getan und Josef hat ihnen diese Schuld vergeben. Warum genügt ihm denn das nicht? Warum zögert er immer noch, sich mit ihnen zu versöhnen? Und was hat Benjamin mit all dem zu tun? Er weiß doch gar nicht, dass Josef von den Brüdern verkauft worden ist. Benjamin, sein leiblicher Bruder, hat zusammen mit dem Vater jahrelange um ihn getrauert. Was wäre natürlicher, als dass Josef seine reuigen Brüder bitten würde, Benjamin und den Vater so schnell als möglich nach Ägypten zu bringen, um sie an sein Herz drücken zu können? Warum spielt er dieses Spiel weiter, dazu noch mit dem unschuldigen kleinen Bruder? Warum stellt er ausgerechnet ihm, dem Lieblingsbruder, ein Bein und beschuldigt ihn des Diebstahls?

Wir wollen versuchen, auf diese Frage eine Antwort zu finden. Lange Jahre hat Josef nichts von seiner Familie gehört. So weiß er auch nicht, was in dieser Zeit zwischen den Brüdern und Benjamin geschehen ist. Er ahnt wahrscheinlich, dass die älteren für ihren jüngsten Bruder keine allzu große Sympathie empfinden. Verhärtet nach ihrer kriminellen Tat und verbittert über den untröstlichen Kummer ihres Vaters ließen die Brüder sehr wahrscheinlich ihren Zorn und ihre Bitterkeit an dem aus, der eine direkte Beziehung zu jenem *Träumer* hatte, durch den sie sich zu einer so schweren Sünde »gezwungen« sahen. Josef ahnt, dass Benjamin all die Jahre hindurch, ohne es zu wissen, die Auswirkungen dieser Sünde ertragen musste und von der Last niedergedrückt worden war. Ja, Josef spürt vieles – er kennt seine Brüder nur allzu gut, hat er doch ihre Bosheit und Eifersucht an der eigenen Haut zu spüren bekommen. Diese hat er ihnen vergeben, doch nun will er herausfinden, ob ihre Herzen jetzt von Eifersucht auf den jüngsten Bruder vergiftet sind. Darum beschließt er, sie auf die Probe zu stellen. Das war auch der Grund, warum alles, *»was man Benjamin vorsetzte, das aller anderen um das Fünffache übertraf«*[109], als sie zusammen am Tisch saßen. Josef, der zwar an einem anderen Tisch, aber im gleichen Raum saß und alles verstand, was sie redeten, konnte sehr gut feststellen, ob sie eifersüchtig waren, ob sie Groll gegen Benjamin hegten – oder sich über die unverständliche Güte des ägyptischen Herrschers ihrem jüngsten Bruder gegenüber freuten. Genau darum wurde der Becher auch in Benjamins Sack gelegt. Natürlich wird nicht Benjamin, an dessen Unschuld niemand zweifelt, mit dieser falschen Anschuldigung geprüft, sondern seine zehn Brüder.

Hat Josef mit dieser Aktion nicht Benjamins Leben aufs Spiel gesetzt? Sehen Sie sich diese zehn an, wie sie mit verzerrten Gesichtern und geballten Fäusten Benjamin gegenüberstehen. Wer kann wissen, wie sie reagieren? Einst hatten sie seinen älteren Bruder beinahe zerfleischt – was würden sie jetzt mit dem jüngsten machen, dessen Schuld es war, dass sich ihre Heimkehr wieder verzögerte? Vielleicht gab es solche unter ihnen, die an Benjamins Unschuld glaubten, doch bin ich überzeugt, dass andere sich am liebsten mit Fäusten auf ihn gestürzt hätten. Ich nehme an, dass Josef seine Wachen instruiert hatte, wie sie sich in einem solchen Fall verhalten sollten. Aber auch wenn er dafür gesorgt hatte, dass Benjamin diese Situation körperlich heil überstand, so waren die seelischen und geistlichen Prüfungen, denen er seinen jüngsten Bruder aussetzte, keineswegs leicht. Die Beschuldigung wegen Diebstahls war eine schreckliche Anklage für einen Menschen, der an den lebendigen Gott Israels glaubt. *»Da zerrissen sie ihre Kleider. Jeder belud seinen Esel, und sie kehrten in die Stadt zurück.«*[110] Wie ist es Benjamin auf diesem leidvollen Weg zurück wohl ergangen? Er ist unschuldig, und er weiß, dass auch Gott das weiß; doch der Becher ist in seinem Sack gefunden worden. Das bedeutet, dass er in den Augen seiner Brüder und in den Augen des Ägypters (so denkt er wenigstens) ein Dieb ist. Ob ihn die Brüder beschuldigen oder schweigen, ob sie bereit sind, seiner Unschuld zu glauben trotz dem, was sie mit eigenen Augen gesehen haben, oder ob sie ihm misstrauen – darüber wissen wir nichts. Ich glaube, er schweigt. Er will sich nicht vor Menschen rechtfertigen, weder vor den Ägyptern noch vor den Brüdern. Nur sein Herz, sein gläubiges Herz, das seit seiner Kindheit gewohnt ist zu vertrauen, zu beten und Gottes Fürsprache zu suchen, schreit lautlos: »Gott, wo bist du? Wie kannst du das zulassen? Du weißt doch, dass ich unschuldig bin. *Warum hast du mich verlassen?*[111] Warum schweigst du, warum greifst du nicht ein, warum verteidigst und rechtfertigst du mich nicht?«

Durchsuchung wie einst durch Laban

Woran denkt Benjamin auf diesem traurigen Weg zurück in die Stadt? Verwirrt, fassungslos, niedergedrückt, hat er keine Ahnung von der großen Freude, die ihn am Ende dieses Weges erwartet. Erinnert er sich wohl an die Geschichte, die wir uns jetzt in Erinnerung rufen wollen und die ihm sein Vater in seiner Kindheit viele Male erzählt hat: die Geschichte von den Götzen, die seine Mutter Rahel gestohlen hatte, als Jakob zusammen mit seinen Frauen und Kindern den Schwiegervater Laban verließ, und an die darauf folgende Durchsuchung der Zelte durch Laban? Wir wissen nicht, wie weit sich Jakobs Erzählungen, die Benjamin natürlich bestens kannte, vom Text des 31. Kapitels im Buch Bereshit (Genesis) unterschieden. Nachdem Jakob viele Jahre bei Laban gedient hatte, fasste er den Entschluss, in seine Heimat zurückzukehren. Eigentlich war es Gott, der diesen Entschluss fasste, und Jakob führte seinen Willen aus. Doch wie es bei Gläubigen nicht selten vorkommt, so erging es auch Jakob. Er gehorchte Gott und rechtfertigte damit seine Handlungen, aber er tat es nicht auf Gott gemäße Weise. Er brach seine Beziehung mit Laban ab und verließ seinen Schwiegervater auf recht unschöne Art. Dieser ganze Aufbruch, den man eher Flucht nennen sollte, war so ungebührlich, dass Gottes Wort sowohl Jakob als auch Rahel des Diebstahls beschuldigt: Rahel raubte, *stahl* – (ותגנב רחל) – *die Götterbilder ihres Vaters.* Jakob aber stahl, *überlistete* – (ויגנב יעקב את־לב לבן) – *Laban,* weil er mit seinen Frauen und Kindern (d.h. mit Labans Töchtern und Enkeln) wegzog, ohne ihn informiert zu haben.[112] Nach einigen Tagen jagte Laban hinter Jakob her, holte ihn ein und beschuldigte ihn zweifach: erstens weil er im Geheimen weggegangen war und zweitens, dass er die Hausgötter gestohlen habe. Jakob, der nichts vom Diebstahl seiner Frau wusste, schlug Laban empört die Durchsuchung des ganzen Lagers vor: *»Bei wem du aber deine Götter findest, der soll nicht am Leben bleiben.«*[113] Und Laban begann zu suchen.

Die beiden Durchsuchungsberichte (Laban und Benjamin) weisen zwar viele äußere Unterschiede auf, doch besteht eine nicht sofort bemerkbare innere Einheit, die sie zu geistlichen Zwillingen macht. Jakob, von Laban eingeholt und beschuldigt, war vollkommen überzeugt, dass das Diebesgut in seinem Lager nicht zu finden sei. Nur schon der Verdacht kränkte ihn zutiefst. Jakob, der Gott verehrte, wusste sehr gut, dass Diebstahl Sünde ist, und allein der Gedanke, er könnte in einen Diebstahl verwickelt sein, war für ihn unerträglich. Dabei ahnte er aber nicht, dass er genau diese Sünde in Bezug auf Laban begangen hatte, denn Täuschung des Herzens ist auch Diebstahl. Für mich ist das ein Zeichen dafür, dass er noch keine lebendige Beziehung zu Gott hatte, ohne die man das nicht verstehen kann. Mit praktisch den gleichen Worten beteuern auch die des Diebstahls verdächtigten Brüder ihre Unschuld vor Josefs Hausverwalter, der sie eingeholt und beschuldigt hat: *»Der von den Knechten, bei dem sich der Becher* *findet, soll sterben.«*[114] Auch sie haben sich an Benjamin mit der gleichen unsichtbaren *Täuschung des Herzens,* mit Eifersucht, Ablehnung und Hinterlist versündigt. Aber genau wie Jakob sind sie sich dessen nicht bewusst. Ihre Haltung spricht davon, dass auch sie jene lebendige Beziehung zu Gott noch nicht kennen, die aus einem bloß religiösen Herzen ein glaubendes und liebendes Herz macht, wenn es durch Gottes Geist erhellt wird. Nur so kann man verstehen, dass nicht nur der offensichtliche Diebstahl Sünde ist, sondern auch die unsichtbare *Täuschung des Herzens.* Jakob wurde auf dem Weg zum Jabbok von dieser Durchsuchung überrascht, auf dem Weg zu jenem Ort, dem er den Namen *Penuël* gab, denn dort hat er *»Gott von Angesicht zu Angesicht gesehen«*[115]. Diese Begegnung veränderte für immer seinen Namen, seinen Charakter und sein Leben. So sind auch Josefs Brüder erst auf dem Weg zu jener Begegnung, welche ihr Leben für immer verändern wird. Die ganze Geschichte mit dem Becher, und damit das ganze Leiden Benjamins, sind von Josef inszeniert worden und geschehen mit dem Ziel, die Brüder zu jener Begegnung zu führen. Doch weder Benjamin noch sie selbst ahnen etwas davon.

Nun zurück zu Laban, der alle Zelte durchsuchte, doch seine Götzen dabei nicht fand. Rahel hatte sie gut versteckt, indem sie sich darauf gesetzt hatte. Und bis zum heutigen Tag (denkt Benjamin traurig) zweifelt niemand daran, dass jene Geschichte ein gutes Ende genommen hat. Es gibt jedoch in der geistlichen Welt gewisse Gesetze, die unauffällig sind und deshalb von den Gläubigen nicht selten ignoriert werden. Sie sind aber nicht weniger objektiv und unumstößlich als zum Beispiel die Gesetze der Schwerkraft. Nur eine Generation nach der Durchsuchung bei Rahel, die wirklich gestohlen hatte, obwohl bei ihr nichts gefunden worden war, wiederholt sich deshalb dieses dramatische Ereignis bei ihrem Sohn. Obwohl dieser absolut unschuldig ist, wird er des Diebstahls beschuldigt, weil man bei ihm – gefunden hat. (Das ist wohl eines der anschaulichsten biblischen Beispiele für die geistliche Verantwortung, die wir sowohl für unsere Kinder als auch unseren Kindern gegenüber tragen. Jeder von uns muss sich bewusst sein, dass die Dinge in unserem Leben, die wir vor Gott und den Menschen verstecken, auf unerwartete und dramatische Weise im Leben unserer Kinder wieder auftauchen können).

Ich bin überzeugt, dass Benjamin sich an diese Geschichte von der Durchsuchung bei seiner Mutter erinnern musste, wies doch das, was er jetzt erlebte, ganz klar darauf hin. Die eigenartige geistliche Symmetrie der beiden Ereignisse konnte seinem Herzen nicht verborgen bleiben. Darum ist er auf dem traurigen Rückweg in die Stadt so vollständig in seine Gedanken versunken. Sein innerer Blick ist wie gefesselt von jener alten Geschichte, deren Einzelheiten heute so unerwartet und tragisch aufleben, dass er die gereizten Blicke seiner Brüder nicht bemerkt. (Ihnen scheint es natürlich, dass er nur so tut, als würde er sie nicht bemerken). Die schwierige und ungewöhnliche familiäre Einheit, die sie bei ihrem Weggang aus Ägypten wie einen Mantel angezogen hatten, zerbrach, als sie ihre Kleider zerrissen. Anstelle von elf Männern stehen wieder zehn plus einer vor uns. Heute Morgen sind sie alle zusammen aus der Stadt aufgebrochen, doch auf paradoxe Weise, wie das nur in der Geometrie Gottes vorkommt, müssen sie den Rückweg auf sehr unterschiedlichen Wegen antreten.

Eine Herzensänderung

Was geht mit den Brüdern auf diesem Weg vor sich? Ja, Benjamin ist wieder, wie all die Jahre hindurch, von ihnen getrennt. Während aber bisher der Hass der Brüder auf den unschuldigen Jüngsten sie getrennt hatte, trennt sie jetzt Benjamins Schuld, die ja, wie wir wissen, einzig um seiner Brüder willen ins Leben gerufen worden ist. Denn eigentlich die Einzigen, die Benjamin für schuldig halten können, sind seine Brüder. Die Ägypter, wenigstens die, die mit dieser Geschichte zu tun haben, wissen genauso gut wie wir, wer den Becher in Benjamins Sack gelegt hat. Benjamin auf der anderen Seite weiß nicht, wer dieses üble Spiel angezettelt hat, wie und warum der Becher in seinen Sack gekommen ist. Er weiß nur, dass er damit nichts zu tun hat. Seine zehn Brüder wissen aber überhaupt nichts Genaues. In ihren Augen ist Benjamin, dessen Unschuld für sie all die Jahre eine Qual und ein Vorwurf war, der Einzige, der schuldig sein kann.

Mit eben dieser angeblichen Schuld wird die Reinheit ihrer Herzen geprüft. Das ist die Logik von Gottes Läuterung. Wenn er unsere Herzen prüft, dann geschieht das nicht in Bezug auf Menschen, mit denen wir keine Probleme haben. Unsere Bereitschaft, Gottes Liebe in unserem Leben zu verwirklichen, wird mit solchen Menschen auf die Probe gestellt, die, vielleicht ohne es selbst zu ahnen, schon lange ein Stein des Anstoßes, eine Qual für uns, ein Splitter in unserem Herzen sind. Darum, so schwer und schmerzhaft sie für Benjamin auch ist, diese Geschichte ist nicht für ihn, sie ist über seine Brüder und für sie. Gott spricht hier mit ihnen. Unter seiner Berührung werden ihre Herzen umgekrempelt. Der Herr kommt zu ihnen, um *»das im Dunkeln Verborgene ans Licht zu bringen.«* Jene, die diesen Weg mit zerrissenen Kleidern begonnen haben, stehen am Ende mit zerbrochenen Herzen da. Wir wissen nicht, was er zu ihnen sprach. Doch aus den finsteren, mürrischen Gesichtern dieser Männer, die am Anfang noch so böse auf den vor ihnen herreitenden Bruder geblickt haben, werden bis zum Ende dieses Weges auf unerklärliche Weise von Tränen gerötete Augen, Augen, die zum ersten Mal seit Jahrzehnten wieder leuchten. Und als sie wieder vor Josef stehen, tritt ihre Unschuld, die Unschuld gegenüber dem ägyptischen Herrscher, völlig in den Hintergrund, während eine Welle der Reue über ihre Untat an Josef ihre Seele überflutet.

Größere Liebe

Die Brüder stehen wieder vor Josef und erkennen wohl zum ersten Mal deutlich, dass sie weniger vor Josef als vielmehr vor Gott stehen. Und nun sagt Juda, müde von der Flucht, vom Weglaufen, um sich vor Gott zu verstecken, aber auch befreit: *»Was sollen wir* *unserem Herrn sagen, was sollen wir vorbringen, womit uns rechtfertigen?* ***Gott hat die Schuld deiner Knechte ans Licht gebracht.***«[116] Das ist eine erstaunliche Aussage! Es ist, als ob die Brüder ihre Sünde, ihr Verbrechen wirklich ihr ganzes Leben lang vor Gott versteckt hätten und nun Gott dieses »heiß-kalt«-Spiel beendet, indem er *die Lüge aufdeckt*, ihre Sünde findet und sie daran festnagelt. Sie verstehen jetzt, dass dies alles zwischen ihnen und Gott passiert und sie sich für nichts und mit nichts rechtfertigen können: *»Du, Herr, bist im Recht; uns aber steht bis heute die Schamröte im Gesicht.«*[117] Gottes Geist hat ihre Herzen berührt und selbst zu ihnen gesprochen. Darum erscheinen ihnen die Worte Josefs nicht unlogisch. Sie nehmen die ungerechtfertigte Beschuldigung und die Härte der Strafe, den Eigensinn und die Unberechenbarkeit des ägyptischen Herrschers demütig als Strafe von Gott an, vor dem sie einst so schrecklich gesündigt haben. Und wenn sie auch am Anfang von Benjamins Schuld überzeugt gewesen sind und ihm wahrscheinlich Vorwürfe gemacht haben, so stehen wir jetzt am Ende jener Zwiesprache, die Gott die ganze Zeit über mit ihren Herzen geführt hat. Alles geschieht so, wie Josef es beabsichtigt hat: Erst nachdem sie *»die Fesseln der Sünde abgeworfen«*[118], die Sünde der falschen Beziehung zu ihrem jüngsten Bruder erkannt haben, sind sie in der Lage, ihre dunklen Herzen für Gottes Licht zu öffnen. Erst jetzt ist auch eine vollständige Umkehr und Läuterung möglich. Am Schluss dieses Kapitels sagt Juda: *»Darum soll jetzt dein Knecht an Stelle des Knaben da bleiben als Sklave für meinen Herrn; der Knabe aber soll mit seinen Brüdern ziehen dürfen«*. Juda fleht Josef um des Vaters willen an, *»da doch sein Herz so an ihm hängt«* (נפשו קשורה בנפשו) und er sterben würde, *»wenn er sähe, dass der Knabe nicht dabei ist«*[119]. Wenn Juda seinen Bruder bisher nur dem Vater zuliebe geliebt hat, dann beginnt er ihn jetzt zum ersten Mal selbst zu lieben. *»Es gibt keine Größere Liebe, als wenn einer sein Leben für seine Freunde hingibt.«*[120] Genau das tut Juda, und genau das hat Josef von ihm erwartet.

Und nun, da Gott die Zwiesprache mit ihnen beendet hat, da *»die Frucht, die ihre Umkehr zeigte,«* hervorgebracht ist, da sich Juda bereit erklärt hat, *»seine Seele für den Bruder hinzugeben«,* jetzt – bitte achten Sie darauf – erst jetzt ***»vermochte Josef… sich nicht mehr zu halten.*** *Er begann laut zu weinen«.*[121] Mit diesen Tränen fängt der hellste, der schönste Teil unserer Geschichte an. So beginnt das 45. Kapitel des ersten Buches Mose, eines der schönsten Kapitel der Bibel, das Kapitel, in dem Josef sich seinen Brüdern zu erkennen gibt, in dem ***»er seinem Bruder Benjamin um den Hals fällt und weint«.***[122] Erst jetzt öffnet sich vor unseren Augen und unserem Herzen die dritte, innerste Ebene – **Josef und Benjamin.** Jetzt sehen wir, dass all diese Ereignisse um Benjamins willen so sorgfältig geplant worden sind. Die Beziehung der Brüder zu Benjamin ist für Josef so wichtig, weil Benjamin ihm so unschätzbar teuer ist. Es ist interessant, dass die Bibel, die sonst bei Beschreibungen von Emotionen eher zurückhaltend ist, hier über das, was in Josefs Seele vor sich geht, recht ausführlich und in bewegten Worten berichtet. Wahrscheinlich war die Aufregung bei allen Brüdern sehr groß, als sich Josef zu erkennen gab, und man kann mit Sicherheit sagen, dass Benjamins Glück keine Grenzen kannte. Darüber finden wir aber fast nichts in unserem Bericht, abgesehen von der knappen Erwähnung, dass *»Benjamin an seinem Hals weinte«.* Daraus können wir den Schluss ziehen, dass es Gott sehr wichtig ist, uns zu zeigen, wie groß vor allem Josefs Freude war, dass er seine Brüder, in erster Linie Benjamin, wieder gefunden hatte. Und wenn es für Gott wichtig ist, das zu sagen, dann ist es für uns wichtig, es zu hören.

Die verborgene Realität

Warum ist das für uns so wichtig, mag sich jemand fragen. Sicher, das ist eine schöne Geschichte, doch was soll sie hier in diesem Buch? Natürlich bin ich nicht die Erste, der Gottes Geist offenbarte, dass die Begegnung in 1 Mose 45, die Begegnung Josefs mit Benjamin, wie ein Urbild jener Begegnung ist, von der wir im letzten Kapitel bei Sacharja gelesen haben: *»Und sie werden auf den blicken, den sie durchbohrt haben.«*[123] Das ist die Begegnung, die wir erwarten, für die wir beten – die Begegnung Jeshuas mit Israel. Doch wenn wir diese Logik der Offenbarung Gottes weiter verfolgen, dann gibt uns Josef als Bild für Jeshua die erstaunliche Möglichkeit, nicht nur in seinen Plan hineinzuschauen, um Israels Platz in diesem Plan zu begreifen, er lässt uns einen Blick in Gottes Seele, in sein Herz, in seine Gefühle tun, damit wir hören und sehen können, was für Gefühle er in Bezug auf Israel hat.

Am Anfang dieses Kapitels sprachen wir von einem Brief, in dem der Autor uns auf einigen wenigen Zeilen erlaubt, einen Blick in sein Innerstes zu werfen. Die Geschichte von Josef und seinen Brüdern ist wie ein leicht geöffnetes Fenster in jene *Kammer*, in welcher der Herr uns sein Herz zeigen will. Mit dieser erstaunlichen Geschichte lehrt er uns, ihn zu sehen, wie er wirklich ist. Er lehrt uns, zwischen seinen Gefühlen und seinen Taten zu unterscheiden. Manchmal sind seine Gefühle dem, was er tut, gerade entgegengesetzt. Er möchte, dass wir verstehen lernen, dass das Wahre, das Reale, sehr oft unsichtbar ist. Es ist praktisch unmöglich, dieses Unsichtbare auf Grund von Sichtbarem zu »sehen«. *»Glaube aber ist: Überzeugtsein von Dingen, die man nicht sieht.«* Das ist der Glaube, nach dem wir streben sollen.

Gehen wir in unserer Geschichte um einen oder zwei Tage zurück ins 43. Kapitel. Die Brüder sind mit Benjamin wieder nach Ägypten gekommen und stehen nun vor Josef. Schauen Sie sich diese Szene an: Verkrampft vor gespannter innerer Erwartung stehen sie da und treten von einem Fuß auf den andern. Sie geben sich alle Mühe, ungezwungen und freundlich dreinzuschauen, erforschen aber das fremde, ägyptisch reservierte Gesicht (so haben sie es vielleicht empfunden) mit verstecktem Misstrauen. Was wird sie wohl dieses Mal erwarten? Zehn von ihnen sind schon einmal hier gewesen. Die ganze Szene ist für sie wie ein unangenehmes »déja vu«. Zermürbt von dieser ungewohnten Abhängigkeit erwarten die Brüder mit qualvoller Ungeduld, dass alles ein Ende nimmt. Nur Benjamin, der den ägyptischen Herrscher, über den er schon so viel gehört hat, zum ersten Mal sieht, erforscht das Gesicht dieses seltsamen Mannes mit offener Neugier. Was ist er für ein Mensch? Warum hat er so sehr darauf bestanden, dass er, Benjamin, mitkam? Und das Seltsamste: Warum schaut er ihn jetzt, da Benjamin vor ihm steht, nicht einmal an?

Haben Sie bemerkt, was Benjamin so erstaunt haben muss? Von jenem Moment an, da die Brüder vor Josef erscheinen und er anfängt, mit ihnen zu sprechen, bis zu dem Moment, da *»er hinsah und seinen Bruder Benjamin, den Sohn seiner Mutter, erblickte«*[124], vergeht eine ganze Ewigkeit – vier Verse in der Bibel können einige sehr lange Minuten im Leben ausmachen. Während all dieser Zeit soll Josef Benjamin wirklich nicht bemerkt haben? Das feinfühlige Herz versteht, wie viel diese sich unendlich lange hinziehenden Minuten bedeuten. Diese eine dramatische Einzelheit reicht aus um zu zeigen, wie sehr Josef seinen Bruder liebt. Wer von uns hat nicht schon einmal, vielleicht in seiner Kindheit, Ähnliches erlebt? Wenn jemand oder etwas, der Gegenstand deiner langen Erwartungen und Träume, endlich vor dir steht, dann fürchtest du dich – obwohl du so lange und leidenschaftlich von diesem Augenblick geträumt hast –, in jene Richtung zu schauen. Du hast Angst, es könnte wieder verschwinden, du könntest anfangen zu weinen, dein Herz könnte zerspringen, es könnte alles nur ein Traum sein. Du tust alles, um die Welle des Glücksgefühls zu bezwingen, die dich zu überfluten droht. So ergeht es auch Josef, der Benjamin natürlich schon beim Eintreten gesehen hat. Er redet weiter mit den anderen, als hätte er ihn nicht bemerkt. Er nimmt sich mit aller Kraft zusammen, um nicht zu früh auf seinen Bruder zu schauen, denn ihm ist klar: Wenn der Moment da ist, wird ihn eine Welle von Gefühlen mitreißen, und er wird nicht mehr in der Lage sein zu sprechen. Erst nachdem alle üblichen Grüße ausgetauscht sind, erlaubt er sich, auf Benjamin, *den Sohn seiner Mutter*, *hinzusehen und seinen Bruder* anzuschauen und alles andere zu vergessen und diese unendlich geliebten Gesichtszüge in sich aufzunehmen. Doch schon bald verschleiert ein Nebel seine Augen, alles beginnt zu verschwimmen, seine Augen fangen an zu brennen von etwas Unzulässigem, etwas

Heißem und Salzigem, etwas beinahe Unanständigem: *»Er konnte sich vor Rührung über seinen Bruder nicht mehr halten; er war dem Weinen nahe.«*[125]

Im Hebräischen werden Josefs Gefühle außergewöhnlich intensiv beschrieben: כי־נכמרו רחמיו אל־אחיו. (Übers. M. Buber: »...*denn sein Eingeweide glühte seinem Bruder zu, er musste weinen.«)* Dieser Ausdruck ist einer der stärksten, wenn nicht der stärkste im Tenach, um die Gefühle zu beschreiben, die einen liebenden Menschen erfüllen. Zum Beispiel bei Salomo: Als er sich anschickt, einen Säugling mit dem Schwert in zwei Hälften zu zerteilen, um herauszufinden, wer seine leibliche Mutter ist, steht über sie geschrieben: *»Es regte sich in ihr die mütterliche Liebe zu ihrem Kind«*[126] (נכמרו רחמיה אל־בניה). Im Tenach wird an verschiedenen Stellen mit eben diesem Ausdruck Gottes Liebe zu Israel beschrieben: *»Deshalb schlägt mein Herz für ihn, ich muss mich seiner erbarmen – Spruch des Herrn.«*[127] Es ist interessant, dass man das Wort רחמיה/רחמיו sowohl mit Bauch/Leib (daher der Ausdruck »Herz« als Sitz unseres Innersten) als auch mit Mitleid, Barmherzigkeit, Gnade übersetzen kann. Die Verbindung dieser beiden Bedeutungen macht die tiefe Liebe Josefs, die ihm fast das Herz umdreht, noch bildhafter, noch durchdringender: *»Dann ging Josef schnell weg, denn er konnte sich vor Rührung über seinen Bruder nicht mehr halten; er war dem Weinen nahe. Er zog sich in die Kammer zurück, um sich dort auszuweinen.«*[128]

Die Kammer

Nun wollen wir versuchen, diese ganze Szene mit den Augen der Brüder zu sehen. Stellen wir uns ihr Befremden vor, als sich der strenge und stolze ägyptische Würdenträger (dafür halten sie ihn ja wohl), der sie auch vorher schon mehrmals in Verlegenheit gebracht hat, plötzlich mitten im Gespräch, ohne ersichtlichen Grund und ohne Erklärung umdreht und dem Ausgang zu eilt, ja geradezu läuft: *»Dann ging Josef schnell weg.«* Die Brüder, die vollauf mit sich und ihren Problemen beschäftigt sind, denken nicht im Entferntesten daran, dass der Grund für Josefs Abgang *die tiefe Liebe zum Bruder* sein könnte. Niemand von ihnen, Benjamin eingeschlossen, hat auch nur die leiseste Ahnung, was sich im Herzen dieses »unbeteiligten« Herrn wirklich abspielt. *»Glaube aber ist: Überzeugtsein von Dingen, die man nicht sieht.«*[129] Es ist schwierig, sich eine anschaulichere Illustration des Unterschiedes zwischen dem Sichtbaren und dem Unsichtbaren vorzustellen. Die Brüder können die erschütternde Szene, die wir sehen, nicht beobachten: *»Er zog sich in die Kammer zurück, um sich dort auszuweinen.«*[130] Sie können auch nicht wissen, was in dieser Kammer mit Josef vorgeht. Darum ist die Kluft zwischen dem, was sie sehen, und dem, was in der für sie unsichtbaren Wirklichkeit der Kammer geschieht, enorm groß.

Halten wir einen Augenblick inne, um uns diese Szene einzuprägen: Josef, der aus Liebe ***in seiner Kammer*** weint. Das ist eines der zentralen Bilder nicht nur in diesem Kapitel, sondern im ganzen Buch. Wir als Leser verstehen sehr gut, dass wir gerade hier, *in der Kammer,* den wahren Josef sehen, und für einen kurzen Moment mag es uns scheinen, als sei das Spiel nun zu Ende. Jetzt (so denken wir hoffnungsvoll), nachdem er sich die Tränen abgewischt hat, kommt er zurück, stürzt auf Benjamin zu, drückt ihn an sich und erklärt ihm alles. Ich bin überzeugt, dass sich Josef nichts auf der Welt sehnlicher gewünscht hat als dies. Das ist auch völlig **natürlich** für einen Menschen, der nach jahrelanger Trennung seinen geliebten Bruder trifft. Doch hier kommen wir nun dem Geheimnis der Liebe Gottes nahe – dem Geheimnis der erstaunlichen, **übernatürlichen** Liebe, die Tränen zurückhält und den ans Kreuz schickt, den sie liebt. Hier stoßen wir wieder auf den krassen Unterschied zwischen unserer Vorstellung von Liebe und dem, was Gottes Liebe tut. Mehr als sonst irgendwo zeigt sich hier in Josefs Liebe der Charakter der Liebe Gottes! Er kann sich den Brüdern nicht zu erkennen geben, bevor sein Plan vollendet, bevor Gottes Arbeit in den Herzen der Beteiligten abgeschlossen ist. Was tut er also, nachdem er wieder aus seiner Kammer herausgekommen ist? Er macht das völlige Gegenteil dessen, was wir von ihm erwarten und was er selbst am liebsten tun würde: Er *»wusch sein Gesicht* (um die Spuren seiner Liebe abzuwischen), *kam zurück und* ***nahm sich zusammen****…«* (ויתאפק).[131]

Merken wir uns diesen Ausdruck: ***sich zusammennehmen.*** Prägen wir uns die Tränen der Liebe ein, die Josef zurückhalten musste. Bereits am Anfang des nächsten Kapitels werden wir nämlich wieder erstaunt sein. Wir alle kennen die Geschichte. Darum fällt es uns schwer, sich die Gefühle eines Menschen vorzustellen, der zum ersten Mal liest, wie Josef, kurz nachdem er aus Liebe zu Benjamin geweint hat, seinem Hausverwalter folgenden Befehl erteilt: *»Fülle die Getreidesäcke der Männer mit so viel Brotgetreide, wie sie tragen können, und leg das Geld eines jeden oben in den Sack! Meinen Becher, den Silberbecher, leg oben in den Sack des Jüngsten mit dem Geld, für das er Getreide gekauft hat. Er tat, wie Josef es angeordnet hatte.«*[132]

Von allem, was dann geschah – vom Aufbruch der Brüder, von der Durchsuchung, vom Becher, der in Benjamins Sack gefunden wurde, haben wir schon gesprochen. Wir können uns die Abfolge der Ereignisse gut vorstellen, die wie eine punktierte Linie zwei Punkte verbinden: Jenen, über den wir soeben gesprochen haben: *»Er zog sich in die Kammer zurück, um sich dort auszuweinen. Dann wusch er sein Gesicht, kam zurück,* ***nahm sich zusammen…«*** (ויתאפק) und jenen, bei dem man das Gefühl haben könnte, die Geschichte sei nun zu Ende: *»Josef* ***vermochte*** *sich vor all den Leuten, die um ihn standen, nicht mehr* ***zu halten*** (להתאפק) … *Er begann laut zu weinen…«* Aus der Mathematik wissen wir allerdings, dass zwei Punkte durch mehr als eine Linie verbunden sein können, dass aber nur eine von ihnen eine Gerade ist. Genau das trifft auf unsere Geschichte zu. Nicht eine, sondern zwei Linien verbinden hier diese zwei Punkte: Eine für die Brüder sichtbare, krumme, die all die äußeren Ereignisse dieses Tages verbindet: den Befehl des *sich zusammennehmenden* Josef, den Becher in Benjamins Sack zu legen; den Aufbruch der Brüder;

den Halt und die Durchsuchung; die Rückkehr in die Stadt; das Gespräch mit Josef; die Rede Judas, der bereit ist, sich für Benjamin zu opfern; und schlussendlich die Tränen Josefs, der sich nicht länger zurückhalten kann und sich den Brüdern zu erkennen gibt. Doch es gibt eine zweite Linie, eine versteckte, für uns jedoch sichtbare: das gerade Stück, das den in seiner Kammer weinenden Josef direkt mit jenem Josef verbindet, der sich schluchzend und mit Tränen in den Augen seinen Brüdern zu erkennen gibt. Das, was in der deutschen Übersetzung zuerst ***»sich zusammennehmen«*** und nachher ***»an sich halten«, »sich zurückhalten«*** heißt, wird im hebräischen Original mit dem gleichen Wort ausgedrückt: להתאפק. Die Tränen der Liebe, die am ersten Punkt zurückgehalten und versteckt werden, kommen am zweiten Punkt, wo Josef *sich nicht mehr beherrschen konnte,* in vollem Maß zum Vorschein. Wie im Buch Hiob werden wir auch hier zu Zeugen der vom Autor bewusst und absichtlich geschaffenen Unvereinbarkeit zwischen diesen zwei Linien, zwischen dem, was die unmittelbar Beteiligten sehen, und dem, was der Leser sieht und weiß. Und das Erstaunlichste ist, dass hier gerade **die Liebe** jenes Geheimnis ist, das von Anfang an sorgfältig vor den Beteiligten der Geschichte verborgen wird, das der Autor aber dem Leser zeigt. Wir wissen, dass Gott Hiob liebte, doch das war vor Hiob und seinen Tröster-Freunden bis zum Schluss des Buches verborgen. In unserer Geschichte im 1. Buch Mose liebt Josef Benjamin, doch diese Liebe bleibt wieder bis ganz zum Schluss der Geschichte vor Benjamin und seinen Brüdern verborgen. Nur der Leser, dem der himmlische Prolog zum Hiobbuch oder Josefs Tränen in der Kammer gezeigt werden, weiß, dass alles, was Hiob oder Benjamin zustößt, die besondere Erwählung und besondere Liebe Gottes bezeugt, der sie ins Zentrum seines Plans gestellt hat. Nur der Leser weiß, dass auf der ganzen Länge der punktierten Linie sowohl Josef wie auch seine Liebe zum Bruder unverändert ist, dass jener Josef, der Benjamin Schmerzen zufügt, der den Becher in seinen Sack legt und ihn des Diebstahls beschuldigt, ihn kein bisschen weniger liebt als der, der an seinem Hals weint. Der Unterschied besteht nur darin, dass Josef *sich* *zusammennahm* und seine Liebe zu Benjamin zurückhielt, bis sein Plan mit den Brüdern vollendet war. So *nahm sich* auch Gott *zusammen* und hielt seine Gnade zurück, bis seine Arbeit im Herzen von Hiob und seinen Tröstern vollendet war.

Von Gottes Herzen zu unserem Herzen

Gott *nimmt sich zusammen* und *hält* seine Gnade *zurück*? Was für ein erstaunliches Wort – ***sich zusammennehmen, sich zurückhalten*** – in Bezug auf Gott und seine Haltung dem gegenüber, den er liebt! Der Prophet Jesaja, der sich wegen der elenden Lage Israels grämt, wendet sich an Gott und sagt: *»Wo ist dein leidenschaftlicher Eifer und deine Macht, dein großes Mitleid und dein Erbarmen? Halte dich nicht von uns fern!«*[133] Im hebräischen Original finden wir hier wieder das gleiche Wort התאפקו (zurückhalten) wie bei Josef. Für mich ist das Zeugnis dieser Kapitel und das Zeugnis dieses Wortes äußerst wertvoll. Wenn wir über Israel nachdenken und in der Beziehung von Josef zu Benjamin Jeshuas Beziehung zu Israel sehen, erkennen wir, dass wir Gottes Absichten nicht auf Grund sichtbarer Umstände beurteilen dürfen. Wenn er um seiner Pläne willen *sich zusammennehmen* und seine Liebe *zurückhalten* muss, dann entspricht die äußere Realität nur in ganz kleinem Maß der Wirklichkeit seines Herzens. Darum wird sie fast immer falsch interpretiert.

Ein liebender Mensch unterscheidet sich von anderen dadurch, dass er den geliebten Menschen nicht nach den äußeren Umständen seines Lebens beurteilt, sondern die Gefühle und Motive seines Herzens versteht. Sollte ein Mensch, der Gott liebt, nicht auch nach solchem Verstehen streben? Paulus schreibt: *»Wer von den Menschen kennt den Menschen, wenn nicht der Geist des Menschen, der in ihm ist? So erkennt auch keiner Gott – nur der Geist Gottes.«*[134] Gott selbst offenbart sich denen, die sein Herz wirklich erkennen möchten. Er offenbart sich aber nicht in äußeren Umständen und sichtbaren Ereignissen, sondern **in der**

Kammer, im persönlichen Gespräch unter vier Augen mit dem Betenden. Jene, die Gott lieben, die diese Gemeinschaft mit ihm erfahren haben und sich mit ihm regelmäßig in der Kammer treffen, wissen, wie krass der Unterschied zwischen dem ist, was er von Herz zu Herz offenbart, und den menschlichen Schlussfolgerungen auf Grund von sichtbaren Ereignissen. Ja, die **sichtbare** Geschichte Israels der letzten zweitausend Jahre ist so, dass es außerordentliche Anstrengung braucht, um nicht ins Wanken zu geraten, sondern weiter an Gottes Liebe zu seinem Volk zu glauben. Gottes Wort ist uns gerade auch dazu gegeben, dass wir lernen, das **Unsichtbare** zu sehen. Wie in der Josefsgeschichte erkennt nur jener die Wahrheit, der fähig ist, die in der Kammer, im Verborgenen geweinten Tränen zu sehen.

Unsichtbare Tränen

Was Israel betrifft, zieht es leider die überwältigende Mehrheit der Menschen einschließlich der großen Mehrheit der Gläubigen vor, sich ausgerechnet auf die sichtbare Realität zu beschränken. Es ist ja besonders tragisch, dass nicht nur die Brüder, sondern auch Benjamin selbst Josefs Tränen nicht sehen. Die schrecklichen Umstände unserer irdischen Geschichte lassen nicht nur unsere Feinde, sondern nicht selten auch uns selbst glauben, Gott habe aufgehört, Israel zu lieben, er habe sein Volk verlassen und uns der Schändung und Plünderung hingegeben. Genau so nehmen viele Juden die Leiden ihres Volkes wahr. Als Beispiel ein Zitat des israelischen Dichters Uri Zvi Grünberg, der die Shoa überlebt und »Gott zur Verantwortung gezogen« hat: »Geh zu den anderen Völkern – zu den ‚Gojim' (Heiden), lass uns in Ruhe. Du bist nicht unser Gott, du bist ihr Gott! Ja, nach der Shoa ist klar geworden, dass sie recht hatten, wenn sie all die Jahre behaupteten, die Juden hätten keinen Gott!« Spüren Sie, wie diese anschuldigende Stimme, die bis zum Rand mit Schmerz, Bitterkeit und Groll gefüllt ist, sich danach sehnt, nicht Recht zu haben? Wie sehr sie sich wünscht, widerlegt zu werden und greifbare Beweise für ihr

Unrecht zu finden? Solange jedoch die von Gott bestimmte Zeit und die von ihm festgelegte Stunde noch nicht gekommen ist, gibt es leider in der Geschichte Israels nur den Becher im Sack zu haben. Seine leidenschaftliche, unerschütterliche Liebe zu seinem Volk ist vor unseren Augen verborgen und offenbart sich nur denen, die ihn in ihrer Kammer treffen. Konnte Benjamin im Becher, der ihm untergeschoben worden war, eine Liebestat erkennen? Obwohl wir, im Gegensatz zu Benjamin, den Autor unserer Geschichte sehr wohl kennen, können auch wir es oft nicht fassen, wie denn die Geschichte unserer unendlichen Leiden und unzähligen Anklagen die Geschichte von Gottes Liebe zu uns sein kann.

Ein palästinensischer Terrorist sprengt einen Schulbus in die Luft. Drei Kindern aus der gleichen Familie werden die Beine weggerissen, sie bleiben für den Rest ihres Lebens Krüppel. Ist das Gottes Liebe? Ein anderer »heiliger Märtyrer« dringt in ein Dorf ein und tötet die Mutter und fünf von acht Kindern. Von der glücklichen Familie, die mit zehnfachem Lächeln aus der Fotografie an der Wand herunterschaut, bleiben der Vater, der vor Kummer und Schmerz beinahe den Verstand verliert, und drei verwundete Kinder übrig. Sind sie dazu auserwählt? Ein Elternpaar, das mit seinen drei Kindern aus Israel wegfährt, um am paradiesischen Strand von Kenia ein wenig von den Schrecken der Wirklichkeit auszuruhen, kehrt nach einigen Tagen mit nur einem Kind zurück. Zwei Söhne sind bei einem Terroranschlag im kenianischen Hotel »Paradies« ums Leben gekommen. Und wieder die Frage: Ist das die Liebe des Vaters? Eine Großmutter, die ihre ganze Familie im Holocaust verloren hat, holt ihre Tochter und den Enkel nach Israel, »damit ihnen so etwas nie passiert«. Beide kommen bei einem Bombenanschlag auf einen Autobus in Jerusalem ums Leben. Die zurückgebliebene Großmutter, die vor Kummer selbst fast stirbt, stellt immer und immer wieder die gleiche Frage: Waren sie dazu auserwählt? Das Raumschiff, mit dem der erste israelische Astronaut, für zwei Wochen die einzige Freude, der einzige Stolz unseres gequälten Volkes, ins Weltall fliegt, explodiert eine Viertelstunde vor seiner Landung. Das geschieht direkt über dem amerikanischen Städtchen Palästina unter dem Jubel der ganzen arabischen Welt, die darin zweifellos die Hand Allahs sieht. – Wo denn? Wo sind sie, die von Gott verheißenen Segnungen für unser Volk? *»Mein Gott, mein Gott, warum hast du mich verlassen, bist fern meinem Schreien, den Worten meiner Klage?«*[135]

Solche schrecklichen Fragen kann man ins Unendliche weiterziehen, und trotz all unseren menschlichen Hoffnungen ertönt in Israel immer und immer wieder dieses unablässige Stöhnen. Kürzlich hörte ich ein hebräisches Lied, das mit den bekannten Worten *»Shema Israel«*[136] anfing. Nur waren diese Worte dieses Mal an den Herrn gerichtet: *»Shema Israel, Adonai«* – d.h. Herr, höre Israel, höre unseren Schrei, höre unser Stöhnen, höre unser Gebet! Diese Schreie und Bitten, diese mit unmenschlicher Qual gefüllten Fragen widerhallen im Himmel immer wieder: Herr, wo ist deine Liebe? *»Wo ist dein Eifer, deine Macht, dein Mitleid und dein Erbarmen,«* die du deinem auserwählten und geliebten Volk versprochen hast? Gottes Liebe zu Israel bleibt leider sehr oft **unsichtbar** hinter all den unzähligen Tragödien unserer irdischen Geschichte. Darum ist es so unendlich wichtig, die Hauptsache dieses Kapitels zu verstehen und sich einzuprägen: Unsere **sichtbare Geschichte** mit Blut und Tränen, Kummer und Leiden, ist die Geschichte der **Ausführung seines Plans, nicht der Ausdruck seiner Gefühle**. Einzelne Bruchstücke dieser Geschichte sagen nichts über seine Liebe zu uns aus. Erst ganz am Schluss, wenn sein Plan entfaltet und ausgeführt sein wird – im 42. Kapitel des Buches Hiob und im 45. Kapitel von 1. Mose –, erst dann wird *»er sich nicht länger zurückhalten«* können, und seine Liebe wird für alle offensichtlich sein. Im Wesentlichen gilt das für alle menschliche Geschichte, nicht nur für die unsere. Im Fall von Israel, dem geliebten und zum Opfer auserwählten Volk, ist aber die Kluft zwischen dem, was er tut, und dem, was er fühlt, riesig. Es ist wie bei Abraham, der seinen geliebten Sohn zur Opferung führte, oder bei Josef, der seinen geliebten Bruder des Diebstahls beschuldigte.

Wer Israel also auf Grund dessen, was er sieht, verurteilt, der ahnt nichts von **der Liebe Gottes, die ihn selbst, der uns zum Opfer erwählt hat, in seiner Kammer zum Weinen bringt.** Ähnlich wie die Brüder in der Josefsgeschichte sehen sie die Realität nicht, »*sie kennen nicht die Gedanken des Herrn und verstehen nicht seine Absicht.*«[137] Nur wer fähig ist, das Unsichtbare zu sehen, nur wem die Tränen über Israel in der *Kammer* offenbart werden, weiß, welche Qual es für Gott bedeutet, sein Mitleid, seine Gnade gegenüber seinem Volk zurückzuhalten. Nur der sieht ihn, wie er wirklich ist. Es ist nicht schwierig einzusehen, dass es der Gott Israels selbst ist, der die Leiden seines Volkes zulässt. Das scheint offensichtlich für alle. Wichtig ist es aber zu verstehen, wie viel Schmerz ihn das selbst kostet. »*Ich verlasse mein Haus, ich verstoße mein Erbteil. Meinen Herzensliebling gebe ich preis in die Hand seiner Feinde.*«[138] Gott hat Israel nicht verlassen, nicht verachtet, nicht vergessen. Er hat nicht aufgehört, seinen Erstgeborenen zu lieben, wie so viele behaupten, die oft schadenfreudig auf Israels Leiden hinweisen. Er liebt Israel auch heute mit der gleichen unerschöpflichen und ewigen Liebe: »*Kann denn eine Frau ihr Kindlein vergessen, eine Mutter ihren leiblichen Sohn? Und selbst wenn sie ihn vergessen würde: ich vergesse dich nicht.*«[139] Doch ähnlich wie Josef *hat* er seine Liebe während unseres ganzen irdischen Weges *zurückgehalten*. Deshalb will er uns, Ihnen und mir, wie in einem geöffneten Flügel seines Spiegels zeigen, was die andern nicht sehen: Er will uns seine Tränen zeigen. Er will, dass wir sehen, wie der Gott Israels aus Liebe zu seinem Volk in seiner Kammer weint, wie er *sich zusammennimmt und seine Liebe zurückhält,* wie Josef seine Liebe zu Benjamin zurückgehalten hat. Er hält sie zurück, bis die Zeit gekommen ist – um seines Planes willen.

Unerfüllte Erwartungen

Was für ein Plan konnte so wichtig sein, dass seine Ausführung unsere **sichtbare Geschichte** für uns so tragisch werden ließ? Im Lukasevangelium gibt es einen Vers, der für die an Jeshua gläubigen Juden zweifellos einer der erschütterndsten in der Bibel ist: *»Er aber schritt mitten durch die Menge hindurch und ging weg.«*[140] Mit Gottes Hilfe will ich versuchen, heute eine sehr wichtige Frage zu beantworten: Wie konnte Jeshua, welcher *»nur zu den verlorenen Schafen des Hauses Israel gesandt ist«*[141], *»mitten durch sie weggehen«?* War das die Folge unserer Sünden, unserer Ablehnung und Verdrehung von Gottes Absicht, oder war gerade das der ursprüngliche Plan Gottes für Israel und die Völker?

Die Hauptanschuldigung der christlichen Welt gegen Israel, der auch alle andern Vorwürfe und Beschuldigungen zu Grunde liegen, besteht darin, dass die Juden ihren Messias nicht erkannt, ihn abgelehnt und gekreuzigt haben. Während zweitausend Jahren wurde die Mehrheit der Christen gelehrt, dass Jeshua von Nazareth die messianischen Prophezeiungen des Tenach erfüllt habe. Die meisten Christen sind auch heute fest davon überzeugt, dass das Volk Israel diese offensichtliche Tatsache nur auf Grund seiner geistlichen Blindheit nicht erkennen konnte. Was ich jetzt sagen werde, mag einigen meiner Brüder und Schwestern im Glauben als Gotteslästerung erscheinen. Doch ich glaube, dass es in den Augen Gottes wahr ist und durch den Geist Gottes heute auch einer ständig wachsenden Zahl von christlichen Theologen und Gelehrten klar wird.

Wenn man das neue Testament mit glaubenden Augen und glaubendem Herzen liest und Jeshua sieht, wie er Wunder tut, Kranke heilt und das Reich Gottes verkündigt, dann kann man es wirklich kaum fassen: Wie war es möglich, diesen mit Autorität und Gnade erfüllten Gesandten Gottes nicht zu erkennen? Doch wenn wir die Blickrichtung ändern und nicht von hier und jetzt aus auf Jeshua schauen, durch den neutestamentlichen Text und den uns von Gott offenbarten Glauben, sondern mit den Augen seiner Zeitgenossen und Landsleute, wenn es uns gelingt, ihn vor dem Hintergrund des damaligen Israel und seiner messianischen Erwartungen zu sehen und seinen Dienst, seine Predigten mit diesen Erwartungen zu vergleichen, so fangen wir an zu verstehen, dass es keineswegs so eindeutig und klar war, wie das heute vielen scheinen mag.

Denken Sie an die letzte Frage, die Jeshua hier auf Erden von seinen Jüngern gestellt wurde. Allein diese Frage reicht, um zu verstehen, wie groß der Unterschied zwischen der Erlösung war, die Israel erwartete, und der, die Jeshua vollbrachte. Wir wollen die Apostelgeschichte ganz am Anfang aufschlagen, bei jener Szene, die der Himmelfahrt vorausgeht. Dort lesen wir: *»Herr, stellst du in dieser Zeit* ***das Reich für Israel*** *wieder her?«*[142] Beachten Sie, dass die Jünger diese Frage nicht nur nach drei Jahren ständiger Gemeinschaft mit ihm stellen, sondern nach seinem Tod am Kreuz und seiner Auferstehung. Nachdem er ihnen während vierzig Tagen erschienen ist und ihnen die Geheimnisse von Gottes Plan erklärt hat. Die Frage der Jünger ist typisch. Der Messias, den Israel erwartet hatte, musste dem israelischen Volk die Erlösung und Rettung bringen. Wenn sogar sie, seine ausgewählten und unterrichteten Jünger, nach all den Erklärungen und Predigten immer noch so dachten, was kann man dann von allen Übrigen erwarten? Die Menge der Israeliten, die seine Predigten gehört und seine Wunder gesehen hatten, waren überzeugt, dass er früher oder später beginnen würde, Israel zu retten und wieder aufzurichten.

Der Glaube an einen königlichen Messias, der den Thron Davids und mit ihm auch das Reich für Israel wieder aufrichten würde, beruht auf einer biblischen Verheißung: *»Ich werde deinen leiblichen Sohn als deinen Nachfolger einsetzen und seinem Königtum Bestand verleihen. Er wird für meinen Namen ein Haus bauen, und ich werde seinem Königsthron ewigen Bestand verleihen. Ich will für ihn Vater sein, und er wird für mich Sohn sein.«*[143] Diese

Verheißung war ein nicht wegzudenkender Teil des Glaubens an Gott. In diesem Zusammenhang wurde der **Messias-König, Maschiach ben David (Messias Sohn Davids)**, als der verstanden, welcher kommen würde, um in erster Linie dieses Vorhaben auszuführen. Kein gläubiger, gottesfürchtiger Mensch konnte sich vorstellen, dass Gott seine Erlösung durch einen Retter schicken und dabei gerade sein Volk nicht retten würde. Doch Jeshua, wie wir alle wissen, setzte sich nicht auf Davids Thron, sondern ging auf den Opferaltar. Er kam nicht auf die Erde gemäß den jüdischen messianischen Erwartungen. Er war nicht gesandt worden, um das Volk Israel wieder aufzurichten, wie das vom Messias erwartet worden war. In diesem Sinn blieben wirklich alle Verheißungen, deren Erfüllung Israel mit dem Kommen des Messias verband, bei seinem ersten Kommen unerfüllt. Ihre Erfüllung liegt noch in der Zukunft, denn eine Verheißung Gottes kann nicht unerfüllt bleiben. Es ist allerdings sehr wichtig zu verstehen, dass damals, als die Verheißungen unerfüllt blieben, nur jene Menschen in Israel in Jeshua den Messias erkennen konnten, denen Gott das selbst durch seinen Geist offenbart hatte: *»Selig bist du, Simon Barjona; denn nicht Fleisch und Blut haben dir das offenbart, sondern mein Vater im Himmel.«*[144] Jeshua, der sich hier an Petrus wendet, weiß sehr wohl, was wir erst zu erahnen beginnen: Menschlich gesehen, durch *Fleisch und Blut*, hatte Israel keine Möglichkeit, ihn als Messias zu erkennen.

Hier kommen wir zu einem Punkt von außerordentlicher Wichtigkeit. Erinnern Sie sich an den Spiegel mit den vielen Flügeln und an die Vielzahl der Spiegelungen, die, obwohl sie alle völlig übereinstimmen, jede für sich nur einen Teil des Ganzen widerspiegeln? Die Bilder, die dieses Buch enthält, sind mir nur als eine von vielen möglichen Spiegelungen und Perspektiven des göttlichen Geheimnisses über Israel und die Erlösung gezeigt worden. Doch ich bin überzeugt, dass es für Gott sehr wichtig ist, dass die Gläubigen diese spezielle Spiegelung sehen und darüber nachdenken. Das reflektierte Teilstück, von dem ich spreche, ein Aspekt von Gottes Plan, machte es nötig, dass **Israel als Volk den**

Messias in Jeshua nicht nur nicht erkennen konnte, sondern ihn nicht erkennen sollte. Bevor Sie nun ärgerlich widersprechen, überlegen Sie bitte Folgendes: Wenn zwei Menschen aus zwei verschiedenen Winkeln in ein und denselben Spiegel schauen, sehen sie den gleichen Gegenstand aus völlig verschiedenen Perspektiven und nehmen ihn daher anders wahr. Das geschieht auch mit denen, die diese Zeilen lesen. Aus verschiedenen Winkeln und Perspektiven sehen sie Dinge unseres Themas, bei dem sie bis jetzt absolut keine Überraschungen erwartet haben, in einem völlig neuen Licht. Ich will niemandem etwas beweisen. Ich vertraue auf Gottes Wort, in dem er seine Geheimnisse offenbart, und auf den Geist Gottes, der in den Herzen bestätigt, was von Gott ist, auch wenn das infolge der Grenzen unserer menschlichen Logik schwer zu verstehen ist.

Jeshuas verborgene Identität

Es ist merkwürdig, dass Jeshua sich selber nie »Messias« genannt hat. Während seines ganzen Wirkens auf der Erde nannte er sich »*Menschensohn*«. Dieser besondere geistliche Titel aus dem Propheten Daniel – *»Immer noch hatte ich die nächtliche Vision: Da kam mit den Wolken des Himmels einer wie ein Menschensohn«*[145] – stimmte zu jener Zeit kaum mit den messianischen Ideen und Erwartungen überein. Mehr noch: Jeshua verbot anderen direkt, von ihm als Messias zu sprechen: *»Da sagte er zu ihnen: Ihr aber, für wen haltet ihr mich? Petrus antwortete: Für den Messias Gottes. Doch er verbot ihnen* ***streng****, es jemand weiterzusagen.«*[146] Die einzige Stelle im Neuen Testament, wo er sich als Messias zu erkennen gibt, ist die Szene in Johannes 4 mit der samaritischen Frau am Brunnen. Darüber müssen wir nachdenken. Das einzige Mal, dass er das tut, offenbart er sich nicht einem Juden, sondern einer Samariterin, dazu noch in einem Moment, wo seine Jünger *»in den Ort gegangen waren, um etwas zum Essen zu kaufen«*[147], das heißt, als kein einziger Jude in seiner Nähe war!

Ein ähnliches Verbot spricht er bei seinen Heilungen von israelitischen Kranken aus. Die Reinigung der Aussätzigen, die Auferweckung der Tochter des Jairus, die Heilung der Blinden und viele andere Geschichten werden am Schluss von dem beinahe unvermeidlichen Kommentar begleitet: *»Jesus schickte ihn weg und* ***schärfte*** *ihm* ***ein:*** *Nimm dich in Acht! Erzähl niemand etwas davon*[148]*; doch Er* ***schärfte*** *ihnen* ***ein****, niemand dürfe etwas davon erfahren*[149]*; Jesus aber befahl ihnen: Nehmt euch in Acht! Niemand darf es erfahren.«*[150] Jeshua gibt nicht nur die Empfehlung ab, nichts zu sagen, er verbietet es, und das fast immer *streng*. Er verbietet, von seinen Wundern zu erzählen und über ihn als den Messias zu sprechen. Mir scheint es eine unglaubliche Missachtung von Gottes Wort zu sein, wenn wir diese Tatsache ignorieren. Bis heute haben wir dazu weder von Predigern noch von Wissenschaftlern eine deutliche Erklärung vernommen – aber wir wollen das nun versuchen. Doch zuerst eine interessante Einzelheit: Auch der Bericht über die Heilung des Besessenen aus der Gegend der heidnischen Gerasener steht in direktem Kontrast zu den eben zitierten Geschichten, in denen er verbietet, von den Krankenheilungen zu erzählen. Auf die Bitte des Geheilten, ihm nachfolgen zu dürfen, antwortet Jeshua: *»Geh nach Hause und berichte deiner Familie alles, was der Herr für dich getan hat und wie er Erbarmen mit dir gehabt hat.«*[151]

Wir sehen uns einer merkwürdigen Tatsache gegenüber: In allen vier Evangelien gibt sich Jeshua seinen Landsleuten kein einziges Mal als Messias zu erkennen. (Das Bekenntnis von Petrus, das ihm von Gott dem Vater offenbart worden war, ist ein anderer Fall, über den wir noch sprechen werden). Und in allen vier Evangelien verbietet er den von ihm geheilten Juden, von diesen Wundern zu erzählen. Warum? Ist es nicht logisch anzunehmen, dass er gar nicht vorhatte, sich seinem Volk als Messias zu erkennen zu geben? Sonst hätte er doch selbst geradewegs davon gesprochen und anderen nicht das Reden verboten. Wenn wir glauben, dass es Gottes Wille für Israel war, Jeshua als Messias zu erkennen und ihn anzunehmen, dann müssen wir zugeben, dass Jeshua alles nur

Mögliche getan hat, um Israel in Verwirrung zu führen und dieses Geheimnis vor ihm zu verbergen. Diese Schlussfolgerung ist für uns kaum akzeptabel. Also bleibt uns nur eine Möglichkeit: Wir müssen davon ausgehen, dass das Geheimnis von Gottes Plan mit Israel gerade darin besteht, dass Israel Jeshua als Messias nicht erkennen sollte! – Nochmals: Israel erwartete einen König, der den Thron besteigen würde. Der Messias aber erwies sich als Opferlamm, das den Opferaltar bestieg. Die Tatsache, dass Jeshua gekommen war, um sich als Opfer hinzugeben, überstieg alle menschlichen Erwartungen und alles menschliche Verstehen. *»Darum sage ich: Ja, ich komme. In dieser Schriftrolle steht, was an mir geschehen ist. Deinen Willen zu tun, mein Gott, macht mir Freude, deine Weisung trag' ich im Herzen«.*[152] Darum konnte wirklich nicht *»Fleisch und Blut«*, sondern nur *»mein Vater im Himmel«*[153] durch seinen Geist dem Herzen dieses Geheimnis offenbaren.

Mit Blut besprengt

Die ersten Kapitel des Buches Wajjikra (3. Mose), die Vorschriften und Bestimmungen über verschiedene Opfer enthalten, gehören nicht zu den besonders beliebten und oft zitierten oder gelesenen Stellen der Bibel. Ich nehme an, dass die Mehrheit meiner Leser schon lange nicht mehr in dieses Buch hineingeschaut hat. Und doch weiß ich mich geführt, jetzt ausgerechnet über die blutige Arbeit des Priesters, der das Opfer schlachtet, zu sprechen. Wer auf der Suche nach rein geistlichen Erlebnissen zu Gott kommt, wird durch diese Stellen offensichtlich entmutigt. Sie erinnern eher an einen Spaziergang durch eine Metzgerei. Da gibt es Fett, Nieren, Leber, Eingeweide und vor allem ***Blut.*** Sehr viel Blut. Das sind sehr blutige Seiten, denn der Dienst des Priesters hatte laut Anordnung Gottes täglich mit Blut zu tun:

> *»Dann soll der gesalbte Priester etwas vom Blut des Stiers in das Offenbarungszelt tragen, seinen Finger in das Blut*

tauchen und es siebenmal gegen den Vorhang vor dem Herrn spritzen. Darauf soll er ein wenig von dem Blut auf die Hörner des Altars tun, der vor dem Herrn im Offenbarungszelt steht, und dann soll er das ganze Blut am Sockel des Brandopferaltars ausgießen, der sich am Eingang des Offenbarungszeltes befindet.
Dann soll er das ganze Fett des Tieres abheben und es auf dem Altar in Rauch aufgehen lassen. Er soll mit dem Stier tun, was auch mit dem Sündopferstier gemacht wird; so soll er es mit ihm machen. Dann soll er die Gemeinde entsühnen, und es wird ihnen vergeben werden.«[154]

Das ist nur eines von vielen Opfern, nur einer von vielen ständig zu wiederholenden Vorgängen. In den ersten sieben Kapiteln des 3. Buches Mose können wir den Priester immer und immer wieder am Altar sehen, wie er das Opfer schlachtet und den Opferaltar mit Blut besprengt. In einem Geschichtsbuch habe ich einmal gelesen, dass der Priester, nachdem er das Opfer dargebracht hatte, sich zum wartenden Volk umdrehte, seine Hände ausstreckte und die Anwesenden segnete. So war das jedenfalls einige Jahrhunderte später zur Zeit des Zweiten Tempels. Seither sehe ich diese blutigen Hände vor mir, die der Priester, der eben erst im Gehorsam Gott gegenüber ein unschuldiges Opfer geschlachtet hat, segnend über das Volk ausbreitet.

Wenn man weiß, was seither geschehen ist, und die fortschreitende Entfaltung von Gottes Erlösungsplan zu verstehen beginnt, dann kann man diese Zeilen nicht ohne Erschütterung lesen. Alle diese ausführlichen Vorschriften erlässt Gott, bevor der erste Priester in sein Amt eingesetzt wird. Eigentlich gehen sie dem Anfang des Priesterdienstes in 3. Mose 8 voran. Der Dienst der Priester beginnt in der Stiftshütte. Jahrhunderte später, nachdem der Tempel gebaut ist, wird er dorthin übertragen und ist aus dem Tempel nicht mehr wegzudenken. Von da an gilt die Opferung im Tempel als einzig wahre und richtige, und alles was vorher gewesen ist, wird als Urbild dieser Opferung angesehen. Der Tempel als Opferstätte wird dadurch zum nächsten Abschnitt in der Entfaltung von Gottes Plan. Es ist nicht zufällig, dass nach der Zerstörung des Zweiten Tempels die Opfer vollständig aufhörten. Keiner unserer Weisen hatte auch nur einen Gedanken, man könnte zu Gottes früheren Wegen, wie sie vor der Tempelperiode galten, zurückkehren. Und endlich kam die letzte Etappe mit der Ankunft dessen, *»der größer ist als der Tempel«.*[155] Viele Jahre nachdem Gott alle diese Anordnungen erlassen hat, geschieht die einmalige und abschließende Opferung, für die alle vorangegangenen nur *»Abbild und Schatten«*[156] waren – die Opferung von Gottes Sohn. Bei diesem Opfer nimmt der himmlische Vater selbst den Platz des Priesters ein, um seinen Sohn zu schlachten, der den Platz des Opfers eingenommen hat. Bei den Opferungen im 3. Buch Mose gibt es zwei Beteiligte, den Priester und das Opfer. Golgatha zeigt uns die gleiche Szene, nur bringt hier nicht ein anonymer Priester irgendein unschuldiges Tier für irgendeine Sünde zum Opfer, sondern Gott selbst opfert seinen Sohn für unser aller Sünden. Seit zweitausend Jahren segnet der Vater die Welt mit den gleichen blutigen Händen, mit denen er seinen Sohn geopfert hat. Er segnet uns, indem er den Menschen, um deren Erlösung willen dieses Opfer gebracht wurde, seine blutigen Hände zeigt: ***»Es ist vollbracht!«***[157]

In diesem biblischen Zusammenhang wird die berühmte Szene aus den Evangelien mit besonderer Bedeutung erfüllt: *»Pilatus... ließ Wasser bringen,* ***wusch sich*** *vor allen Leuten* ***die Hände*** *und sagte: Ich bin unschuldig am Blut dieses Menschen. Das ist eure Sache! Da rief das ganze Volk: Sein Blut komme über uns und unsere Kinder!«*[158] Als Pilatus seine Hände wäscht und sie den vor ihm stehenden Zeugen zeigt, tut er das genaue Gegenteil dessen, was die opfernden Priester taten, und macht so eindeutig klar (ohne es selbst zu wissen), dass er bei dieser Opferung nicht der Priester ist. Nicht dass er auf menschlicher Ebene keine Schuld hätte (genau das will er ja mit seinem Händewaschen klar machen), sondern in dem Sinn, dass er an dem Ereignis, an dem er teilnimmt, an seiner tiefen geistlichen Bedeutung, keinen Anteil hat. Hier übt der himmlische Vater selbst das Priesteramt aus und bringt seinen Sohn auf den Opferaltar. *Das Sühnopfer muss an jener Stelle geschlachtet werden, an der das Brandopfer geschlachtet wird, und* ***der Opferaltar muss von allen Seiten mit seinem Blut besprengt werden (vgl. 3Mo 7,2).*** Israel hingegen wird hier eine besondere und schwierige Rolle zugewiesen: *»Sein Blut komme über uns und unsere Kinder.«* Wir sind für die Rolle des Altars erwählt worden, der notwendigerweise mit dem Blut des Opfers besprengt wird. Darum bleibt das Blut des Lammes für immer auf uns.

Dieses unergründliche Opfer ist das innerste Herzstück in Gottes Plan. Es ist so außerordentlich, dass es bis zu Jeshuas Kommen niemand offenbart worden ist und vor Israel vollständig verborgen wurde. Nicht weil Israel es nicht hätte sehen wollen, sondern weil Gott es nicht offenbaren wollte, bevor *»die Zeit erfüllt«*[159] war. Er selbst wollte Israel nicht offenbaren, dass der kommende Messias zum Opferlamm würde. Darum hat Israel nie erwartet, dass der Messias kommen und sein Leben auf den Opferaltar niederlegen werde. Es hat zwar einen Messias erwartet, aber einen König, der sich auf Davids Thron setzt, nicht ein Lamm, das zur Schlachtbank geht.

Feinde um euretwillen

Es ist wichtig, das Folgende zu verstehen: Oftmals in seiner Geschichte verstockte sich das Volk Israel und trieb geistliche Hurerei, wandte sich vom lebendigen Gott ab und verehrte fremde Götter. Aber kein einziges Mal war dies Gottes Plan für uns. Es war immer unsere sündhafte Wahl, auf die seine Strafe folgte. Nach den Worten von Paulus hingegen ist der ganze Plan mit Jeshua Gottes Plan für Israel, der Plan, in welchem sich *»eine Tiefe des Reichtums, der Weisheit und der Erkenntnis Gottes«*[160] auftut. Schon das ist genug, um zu verstehen, dass unsere zweitausend Jahre Leiden nicht nur Strafe sein können. Gott kann uns nicht für etwas strafen, das er selbst vorgesehen hat! gemäß dem Bild, das sich mir in dem Spiegel mit mehreren Flügeln zeigt, **konnte** unser Volk den Messias nicht erkennen, ja es **sollte** ihn nicht erkennen. Das ist eines der Dinge, zu denen wir auserwählt sind!

Auserwählt, um den Messias nicht zu erkennen? Ja, erwählt, um das Licht, das in die Welt kam, zurückzuwerfen, so dass es, wenn es von uns weggeht, die dunkelsten Winkel dieser Welt erhellen kann. Denken Sie an die eindrückliche Formulierung von Paulus: *»Vom Evangelium her gesehen sind sie Feinde Gottes, und das* ***um euretwillen.***«[161] *Feinde Gottes* – das sind wir, das Volk Israel, *um euretwillen* – um der andern Völker willen, um der Heiden willen. *Das Evangelium* ist jenes Licht, das sich, von Israel zurückgeworfen, in der ganzen Welt verbreitet hat. Dazu eine anschauliche Illustration: Wenn jemand von oben einen Lichtstrahl auf die Erde schickt und möchte, dass dieser Strahl nicht nur eine Stelle trifft, sondern auf der Oberfläche verteilt wird, dann muss er einen Punkt finden, der den Strahl zurückwirft und zerstreut. Dieser Punkt bleibt dabei aber selbst ohne Licht. Genau dazu sind wir auserwählt worden: *»Vom Evangelium her gesehen ... Feinde ...* ***um euretwillen.«*** Gott machte uns zu seinen Feinden, die das Licht nicht aufnahmen, sondern zurückwarfen, damit andere Völker dieses Licht erhalten konnten. Hinter diesem sachlichen Bild verbirgt sich die unglaubliche Last und Qual dieses Plans. Bestimmt fangen die, die von diesem Licht erfasst worden sind, an, sich gegen den Punkt zu erheben, der ohne Licht geblieben ist, dem sie aber das Licht verdanken. So war das auch in unserer Geschichte. Die Christen haben vergessen oder wollen bewusst nicht wissen, dass der, der das Licht gesandt hat, uns dazu bestimmt und uns um ihretwillen zu Feinden gemacht hat. Denn wenn wir das Licht nicht zurückgeworfen hätten, hätte es sie nie erreicht. Die Christen fingen schnell und überaus eifrig an, Israel zu verurteilen, weil wir das Licht, das sie empfangen hatten, nicht annehmen wollten. In diesem Sinn brachte das Kommen Jeshuas Israel in eine ähnliche Situation wie die, in die Benjamin nach

Josefs Plan schließlich hineingeriet: Wir werden für etwas beschuldigt, für das in erster Linie der Autor des Planes die Verantwortung trägt. Gottes Vorhaben bestand darin, dass Israel nur das Licht zurückwerfen sollte, ohne es selbst zu erkennen, mit Ausnahme jener wenigen, denen *»Gott in seiner Güte seinen Sohn offenbarte«*[162], wie Paulus schreibt. In vollkommenem Einklang mit dieser Absicht geschah das Kommen Jeshuas so, dass Israel nicht in der Lage war, in ihm den Messias zu erkennen.

Wegen des Plans

Jetzt können wir die Frage beantworten, warum Jeshua verboten hat, von ihm als dem Messias zu sprechen. Den Israeliten zu sagen, dass Jeshua der Messias ist, wäre etwa das Gleiche, wie wenn Josefs Hausverwalter, nachdem er bei der Durchsuchung den Becher in Benjamins Sack gefunden hatte, sofort erzählt hätte, wie und warum er dort hineingekommen war. Josefs ganzer Plan wäre gescheitert und hätte keinen Sinn mehr gehabt. Die von Josef ausgedachte Prüfung hatte nur dann Aussicht auf Erfolg, wenn weder Benjamin noch seine Brüder etwas davon ahnten. Aus dem gleichen Grund verbietet es auch Jeshua, das Geheimnis auszurufen, dass er der Messias ist. Der von Gott ausgedachte Erlösungsplan kann nur dann gelingen, wenn Israel dieses Geheimnis nicht kennt. In der Geschichte von Benjamin dauerte alles nur einige Stunden. In der Geschichte Israels zieht sich das schon über zweitausend Jahre hin, in denen die blutigsten und schrecklichsten Seiten unserer Geschichte geschrieben worden sind. Wie bei Benjamin, der für einige Stunden als »Dieb« abgestempelt war, so steht über unseren blutigen Seiten die schreckliche Überschrift »Christusmörder«. Zweitausend Jahre schon tragen wir diese Anschuldigung auf uns. Als der Becher aus dem Sack gezogen wird, schweigt Benjamin-Israel unter den anschuldigenden Blicken der Brüder, und nur sein blutüberströmtes Herz schreit lautlos: *»Mein Gott! Mein Gott! Warum hast du mich verlassen?«*

»Halt!«, ruft da vielleicht jemand aus. »Ist es denn möglich, dass der Herr sein geliebtes Volk, seinen erstgeborenen Sohn, für diesen Platz auserwählen konnte? Ihr werdet doch nach all dem kaum darauf bestehen, dass er uns noch liebt?« Tatsächlich, wir könnten die Geschichte Israels so nicht verstehen, wenn uns der Herr seine Pläne nicht zuerst in der Geschichte von Josef aufgedeckt hätte. Menschen, die das Herz Gottes nicht kennen, denken wohl, er habe sein Volk verlassen. Wir aber, die seine Tränen über Israel **in der Kammer** gesehen haben, werden nie mehr an seiner Liebe zu uns zweifeln. Liebte Josef etwa Benjamin nicht? Ich glaube, der Herr hat mich dazu geführt, dieses Kapitel zu schreiben, um zu zeigen, dass nur **Gottes Liebe fähig ist, den auf den Altar zu legen, den sie liebt.** Dieses ganze Buch handelt von Gottes Liebe zu Israel und vom Geheimnis seines Planes mit uns. Für uns, die Kinder Israels, ist es nicht leicht, das zu hören. Doch es gibt keinen größeren Beweis für Gottes Liebe zu seinem Volk als die Bereitschaft, **sich zusammenzunehmen** und Israel auf den Altar zu legen. In der jüdischen Literatur, im Midrash, trifft man öfters eine Szene, in der der Satan versucht, Abraham zu überreden, Isaak nicht zu opfern. Sie erinnert stark an eine Begebenheit im Neuen Testament, wo Simon Petrus, erschrocken über die zukünftigen Leiden Jeshuas, ihn beiseite nimmt und ihm Vorwürfe macht: *»Das soll Gott verhüten, Herr! Das darf nicht mit dir geschehen!«* Jesus antwortet: *»Weg mit dir, Satan, geh mir aus den Augen! Du willst mich zu Fall bringen; denn du hast nicht das im Sinn, was Gott will, sondern was die Menschen wollen.«*[163] Aus menschlicher Sicht ist es sehr schwer für mich, über eine solche Erwählung und Vorbestimmung meines Volkes zu schreiben, doch ich weiß nur zu gut, wer uns zwingen will, *menschlich* zu denken. Wenn man *göttlich* denkt, dann sind die wunderbarsten und höchsten Pläne Gottes immer mit Opfer verbunden. Und der Herr opfert immer sein Teuerstes und Liebstes.

Abgesondert von den Völkern

Bevor wir dieses Kapitel abschließen, muss noch etwas über die Brüder Benjamins gesagt werden. Wir haben schon über den abrupten Wechsel in der Szene mit Benjamins Becher gesprochen. Benjamin, der all die Jahre in den Augen der Brüder wegen seiner Unschuld, seiner Gerechtigkeit und demzufolge wegen seiner Nähe zu Gott von ihnen isoliert gewesen ist, erweist sich plötzlich durch seine Schuld und Sünde als von ihnen getrennt. Mit Josef wissen auch wir, dass er in Wirklichkeit keine Schuld auf sich geladen hat. Doch weil Benjamins Reinheit während jener Zeit bei ihnen nicht die freundlichsten Gefühle hervorgerufen hat, nehmen sie den fabrizierten Becherdiebstahl mit Begeisterung auf. Endlich hat sich das Blatt gewendet und Benjamin ist nun der Sünder, sie aber sind die Gerechten. Je größer die Entrüstung, die ihren Groll verrät, umso besser verstehen sie in der Tiefe ihres Herzens, dass an dieser Situation etwas falsch ist.

Dieses Leitmotiv ertönt jetzt schon seit zweitausend Jahren in Israels Geschichte. Ganz von Anfang an, seit Abraham, ist Israel das Volk Gottes, das Volk, das Gott von allen andern Völkern abgesondert und zu seinem Volk gemacht hat: *»Seid mir geheiligt; denn ich, der Herr, habe euch von all diesen Völkern ausgesondert, damit ihr mir gehört.«*[164] Es ist interessant, dass das Wort קדוש (»heilig«) im Hebräischen auch »abgesondert« bedeutet. Darum sagt der Bräutigam in der jüdischen Hochzeitszeremonie (»Chupa«) seiner Braut mit den Worten (את מקודשת לי) »Du bist abgesondert für mich« gleichzeitig »Du bist heilig für mich«. Damit drückt er das eigentliche Wesen dieser absondernden und erwählenden Liebe aus. Begreiflicherweise konnten die heidnischen Völker, die nicht an den einzigen Gott glaubten, diese Erwählung Israels durch Gott kaum ernsthaft annehmen. Doch der Unterschied zwischen Israel und allen übrigen Völkern war eine so offensichtliche Tatsache, dass man so oder so damit rechnen musste: *»Dort, ein Volk, es wohnt für sich, es zählt sich nicht zu den Völkern.«*[165] Die Nachbarn Israels wissen schon lange, dass wir ein besonderes Volk sind, das sich von allen übrigen unterscheidet. Vielleicht liegt hier der Grund für die Eile und den Eifer, womit die Heiden, die durch den Tod und die Auferstehung Jeshuas Zugang zu Gott erhalten hatten, unser Volk für schuldig und in den Augen Gottes – unseres Gottes! – als verflucht und für immer verworfen erklärt haben. Dieser Eifer will Israel wieder von allen andern Völkern absondern, dieses Mal allerdings wegen seiner Schuld, seines Verbrechens.

Die Wahrheit entdecken

Josef brauchte die Geschichte mit Benjamin, um die Brüder zur Umkehr zu bringen, so dass sie gereinigt und umgewandelt werden konnten und die Zwiesprache mit Gott in ihren Herzen beendet werden und Frucht bringen konnte. Wozu aber braucht der Herr die Geschichte mit Israel, was ist sein Plan mit uns? Gottes Wort gibt uns eine eindeutige Antwort auf diese Frage: ***»Feinde Gottes um euretwillen«***. Gott machte seinen geliebten Sohn, Israel, zum Feind und zum Gefangenen – *um euretwillen*, damit die Heidenvölker den einzigen Gott erkennen können, damit sie gerettet und gereinigt werden können, damit ihnen die Rettung aus Gnade, die er für die Welt bereitet hat, auch angeboten werden kann. Heute werden die Völker, die die Erlösung nur dank unserer Rolle als Feinde erhalten haben, an Israel geprüft. In der Geschichte Benjamins ist die Prüfung der Brüder nur möglich, weil Josefs Liebe zu Benjamin vor ihnen verborgen geblieben ist. Keiner von ihnen kommt auch nur im Entferntesten auf den Gedanken, dass der mächtige Herrscher, den sie alle fürchten und von dem sie alle abhängig sind, ihren jüngsten Bruder so unendlich liebt. Nur so kann ihre wahre Beziehung zu ihm festgestellt werden. So kann auch die Beziehung der Völker zu Israel geprüft werden, weil auf der Ebene der **sichtbaren** Umstände überhaupt nichts sie dazu bringen kann, an Gottes Liebe zu seinem Volk zu glauben. (Natürlich finden die, die wissen, dass Gott Israel liebt, genug sichtbare Bestätigungen dieser Liebe. Denen allerdings, die behaupten, Gott habe sein auserwähltes Volk verworfen, steht tatsächlich eine unermessliche Anzahl von tragischen Tatsachen zur Verfügung). Wie immer gibt Gott jedem die Freiheit, in diesem Fall die Freiheit, seine Haltung gegenüber Benjamin-Israel auszuwählen. Doch so paradox es tönt, ausgerechnet auf Grund dieser Haltung wird er beurteilen, ob die Beziehungen der Völker zu ihm echt sind, ob sie ihn aufrichtig anbeten.

Erinnern Sie sich an das erste Gespräch Josefs mit den Brüdern? Zu zehnt stehen sie vor ihm und verneigen sich bis zum Boden. Doch er sagt: Ich werde mit euch nicht sprechen, bis ihr mir euren jüngsten Bruder gebracht habt. Mehr noch, gerade daran, ob ihr ihn mitbringt oder nicht, werde ich erkennen, ob ihr mit rechtschaffenen Herzen zu mir gekommen seid und euch aufrichtig vor mir verneigt. *»Daran will ich prüfen eure Rede«,* wenn euer jüngster Bruder hierher kommt…, ***»ob ihr die Wahrheit gesagt habt oder nicht«.***[166] Wenn die Völker, die sich »christlich« nennen, vor seinem Thron stehen, werden sie mit Erstaunen die Worte vernehmen: »Bringt euren jüngsten Bruder mit euch her, und ich werde sehen, ***ob ihr die Wahrheit gesagt habt oder nicht.*** Kommt ihr allein, so bedeutet das, dass alles, was ihr zu mir gesagt habt, euer ganzer Glaube, euer ganzer Dienst, eine Lüge war.«

Manche Prediger sprechen beim Auslegen der Begegnung Benjamins mit Josef gerne davon, wie Benjamin-Israel seinen Bruder schließlich erkennt. Das ist zweifellos ein Höhepunkt. Israel, das Jeshua nicht gekannt hat, wird erschüttert sein, wenn es den liebenden Bruder in jenem erkennt, der ihm immer als fremd und feindlich erschien. Die Begegnung von Benjamin und Josef ist wirklich ein wunderbares Bild für diese zukünftige Begegnung. Ist Ihnen aber aufgefallen, dass nicht nur Benjamin, sondern auch seine Brüder Josef bei ihrer ersten Begegnung nicht erkannt haben? Die Brüder stehen hier für die Völker rings um Israel. Das sind jene Völker, die in völliger Übereinstimmung mit den Prophezeiungen das von Israel zurückgeworfene Licht erhalten und Gottes Gnade, Barmherzigkeit und Erlösung erlangt haben –

die aber Israel, dem sie dieses Licht verdanken, so lange gehasst haben. Wenn man der Logik dieses Bildes folgt, dann erkennen nicht nur Israel, sondern auch die christlichen Völker Jeshua nicht. Stelle man sich das vor: Tausende und Abertausende, die sich für Christen halten, werden ihn, wenn sie ihm begegnen, nicht erkennen. Also kannten sie den Jesus, dem sie angeblich dienten, nicht wirklich. Darum bin ich überzeugt, dass die Geschichte der Begegnung Josefs mit seinen Brüdern von der Kirche gelesen werden muss, und das ohne den triumphierenden Blick auf Israel, der sagt: »Die Zeit wird ohne Zweifel kommen, da auch ihr ihn erkennen werdet«, sondern mit prüfenden Gedanken und Gebeten im Blick auf sich selber: »Werden wir ihn erkennen? Kennen wir ihn wirklich? Kennen wir sein Herz?« Die Gläubigen sind verpflichtet, sich dieser Frage zu stellen, denn schon heute werden ihre Herzen an Israel geprüft, das seinem Herzen so wertvoll ist.

Der Sündenbock

Es ist bemerkenswert, dass Benjamin im biblischen Text mit keinem Wort beschrieben wird. Wir wissen nichts darüber, ob er gerecht oder in Sünde gelebt hat, ob er Gott in allem treu gewesen oder irgendwie von ihm abgewichen ist. Offenbar ist das für unsere Geschichte nicht so wichtig. Wichtig ist jedoch zu beachten, dass der Plan mit dem Becher in Benjamins Sack auf keinen Fall mit seinen vermutlichen Sünden in Verbindung steht. Es gibt keinen Zweifel daran, dass auch er sündigte, *»denn es gibt ja niemand, der nicht sündigt.«*[167] Doch Josefs Plan ist sicher nicht als Strafe für diese Sünden erdacht worden, sondern aus Liebe zu Benjamin und mit dem Wunsch, die Herzen der Brüder erneuert und verwandelt zu sehen.

Zu seinem großen Erstaunen und Schrecken findet sich Benjamin in dieser Geschichte in der Rolle des Sündenbocks. Dabei ist der einzige Grund für diese zweifelhafte Ehre der, dass er von allen Brüdern der ist, den Josef am meisten liebt. Er ist Josefs Lieblingsbruder, und gerade deswegen werden die andern Brüder an ihm geprüft. Es ist nicht Benjamins Herz, das hier geprüft wird, obwohl auch sein Herz sich zweifellos ändert. Das alles geschieht nicht um seinetwillen, aber er muss die schwerste und schmerzhafteste Rolle übernehmen. In gleicher Weise wird keineswegs nur Israel in seiner zweitausend Jahre alten Geschichte geprüft, doch gerade Israel trägt die volle Last der Erniedrigung als Sündenbock. Was auch geschieht, wie sehr wir uns auch bemühen, stark oder *»wie die anderen Völker zu sein«,* diese Rolle, dieser *Platz,* wie Hiob sagte, *der Platz* dessen, dem der Becher in den Sack gelegt worden ist oder in dessen Leiden man die Strafe Gottes sieht oder den man des »Mordes an Christus« beschuldigt, – das ist ein tragischer *Platz*. Es ist die *Schädelstätte.*[168]

Er wartet

Ich glaube, dass, wie in der Josefsgeschichte, Jesus sich Israel erst offenbaren kann, nachdem die Nationen an dem geprüft worden sind, was dem Herrn am wertvollsten ist. Wenn wir die Bereitschaft der Heiden sehen, ihr Leben für Israel hinzulegen, dann ist das Ende wirklich nahe. Erst wenn die Christen verstehen, dass der Herr nicht nur auf sie wartet, sondern auch auf ihren Bruder – denn es ist auch sein Bruder! –, wenn sie bereit sind umzukehren, um ihren Bruder zu holen und seinetwegen noch einmal den ganzen Weg zurückzulegen; wenn sie bereit sind, den Vater anzuflehen und die Bürgschaft für Israel zu übernehmen so wie die Brüder für Benjamin; wenn sie schließlich bereit sein werden, ihr Leben für den Bruder hinzugeben, – erst dann wird er sich nicht länger zurückhalten können. Dann wird er sich den Brüdern zu erkennen geben, dann wird er Benjamin um den Hals fallen und weinen, und er wird *»ausgießen den Geist des Mitleids und des Gebets. Und sie werden auf den blicken,* ***den sie durchbohrt haben.*** *Sie werden um ihn klagen, wie man um den einzigen Sohn klagt; sie werden bitter um ihn weinen, wie man um den Erstgeborenen weint.«*[169]

Ja, der Plan Gottes mit Israel ist, wie der Plan Josefs mit Benjamin, so angelegt, dass es den Brüdern schwer fällt, sich nicht der Versuchung hinzugeben, den Unschuldigen zu beschuldigen. Es war wohl nicht Josefs Wunsch, Benjamin zum Angeklagten zu machen, obwohl der Becher in seinem Sack gefunden wurde. Es war nicht Gottes Wunsch, Israel zum Angeklagten zu machen, obwohl der, der für die Sünden der Welt sterben musste, gerade in Israel starb. Vielmehr möchte unser Vater im Himmel, dass die Gläubigen umkehren und ihr Herz für Gottes Liebe öffnen und für die Erkenntnis: *»Gott hat die Schuld deiner Knechte ans Licht gebracht.«*[170] Das wird uns die Tür zur Herrlichkeit Gottes auftun.

Dieser Tag – *»er ist dem Herrn bekannt«*[171] – dieser Tag wird ganz bestimmt kommen. Der Herr wartet auf diesen Tag genau so sehnlich wie wir. Er wartet darauf, wie Josef auf die Umkehr der Brüder gewartet hat. Er wartet auf die Erfüllung seines innigsten Herzenswunsches: sich seinem geliebten Volk zu erkennen zu geben und es an sein Herz zu drücken. An jenem Tag wird er *»alle Tränen von ihren Augen abwischen«*[172]. Darum verspricht er uns: *»An jenem Tag werdet ihr mich nichts mehr fragen.«*[173] Doch jetzt, da sein Plan noch nicht vollendet ist und sich seine Liebe nur *in der Kammer* offenbart, ist noch die Zeit, in der man Fragen stellen kann und er antwortet. Alles, was ich in diesem Buch geschrieben habe, sind Gottes Antworten auf mein jahrelanges Fragen in Bezug auf die Leiden Israels. Ich bete und hoffe, dass ich nicht die Einzige bleibe, für die dieses Buch die gesuchte Antwort von Gott ist.

Kapitel 3

»Er sagte: Wo habt ihr ihn bestattet?
Sie antworteten ihm: Herr, komm und sieh!
Da weinte Jesus.
Die Juden sagten: Seht, wie lieb er ihn hatte!«

Joh 11, 34-36

»Als er näher kam und die Stadt sah,
weinte er über sie.«

Lk 19,41

Die ersten Seiten dieses Buches, die der Opferung Isaaks gewidmet sind, habe ich zuerst »Einführung«, dann wieder »erstes Kapitel« genannt, bis der Herr vor meinem geistigen Auge das Wort **»Prolog«** erscheinen ließ. Wie die Krone, der Stamm und die Äste eines Baumes schon im Samen eingeschlossen sind, aus dem der Baum einst hervor wächst, so sind alle Bilder und Gedanken in den folgenden Kapiteln schon in jener Geschichte aus vorhistorischer Zeit vorhanden. Es ist möglich, dass die Literaturwissenschaftler damit nicht einverstanden sind. Vielleicht soll ein Prolog im engeren Sinn des Wortes nur die Ereignisse beschreiben, die den eigentlichen Begebenheiten vorangehen, und ihnen in einem bestimmten Maß als Grundlage dienen. Dieser Prolog aber, obwohl er vor allen nachfolgenden Kapiteln entstanden ist, beinhaltet in konzentrierter Form schon alles, was ich in diesem Buch zu sagen habe. Wie der Ton des Schofarhorns am Abend vor Rosh-ha-Shana, wenn in den Synagogen der ganzen Welt die *Akeda* (Bindung Isaaks) gelesen wird, wie der durchdringende, melancholische Schrei der Möwe, der über dem endlosen herbstlichen Meer verhallt, wie das klägliche Weinen eines Kindes, das mit seinem hilflosen Jammern Herzen zerreißen kann, so kann auch die unaussprechlich traurige und unerträglich schöne Melodie, die vom Berg Morija her erklingt, mit ihrer unfassbaren Schönheit die Seele erschüttern. In jedem Kapitel dieses Buches öffnet sich nur eine der Noten aus der ursprünglichen Melodie und wird zu einem selbstständigen Thema. Hilf mir, Herr, diese Musik weiterzugeben, hilf mir, die innere Einheit der scheinbar so unterschiedlichen Themen, die sich nach deiner Absicht zu einem Ganzen verschmelzen, zu bewahren und nicht zu schmälern!

Keines der Kapitel dieses Buches drückt die ganze Fülle dessen aus, was ich zu sagen beauftragt worden bin, so wie man auch in keinem der vielen Spiegelflügel das ganze Bild sehen kann. Doch in jedem Kapitel ertönt ein besonderes Motiv, ohne das die gesamte Melodie undenkbar wäre. Wir haben nun ein neues Kapitel angefangen und öffnen einen weiteren Flügel unseres Spiegels, und das nicht ohne inneres Zittern. Was werden wir darin sehen? Was für einen Teil der erstaunlichen Melodie werden wir auf diesen Seiten zu hören bekommen?

Mehr als wir erbitten oder ausdenken können

Erinnern Sie sich an die Worte, mit denen sich der Gott Israels beim Auszug aus Ägypten an sein Volk wandte? Der Herr sagte: *»Jetzt aber, wenn ihr auf meine Stimme hört und meinen Bund haltet, werdet ihr unter allen Völkern mein besonderes Eigentum sein. Mir gehört die ganze Erde, ihr aber sollt mir als ein Reich von Priestern und als ein heiliges Volk gehören.«*[174] Stellen wir uns vor: Schon drei Monate schleppen sich diese Menschen durch die Wüste. Sie zweifeln, sie verstehen absolut nicht, was vor sich geht, sie murren oft und sind völlig erschöpft von dieser unendlich langen Wanderung. (Wenn sie wüssten, dass noch 40 Jahre vor ihnen liegen!) Sie zogen aus Ägypten weg, sie folgten Gott, oder genauer gesagt Mose, der sie hinter Gott herführte. Wahrscheinlich dachten sie, sie hätten nun schon eine Belohnung für ihren Gehorsam verdient. Doch was bekommen sie als Belohnung? Was bietet ihnen Gott an?

Einer der ersten Bibelverse, durch die der Herr je zu mir gesprochen hat, steht im Epheserbrief: *»Er aber, der durch die Macht, die in uns wirkt, unendlich viel mehr tun kann, als wir erbitten oder uns ausdenken können…«*[175] Wahrscheinlich haben diese Worte auch schon zu Ihnen geredet. Verständlicherweise möchten wir, dass dieses *»unendlich viel mehr«* sich auf das bezieht, was wir uns selbst wünschen: mehr Gesundheit, Erfolg und Wohlergehen, natürlich auch mehr geistlichen Segen: dass unsere Nächsten, für die wir beten, sich schneller bekehren, dass mehr Menschen zum Glauben kommen usw. Lange Zeit dachte ich genau so, und so geschieht es tatsächlich oft. Es gibt keinen Gläubigen, der Gott nicht auch von dieser Seite kennt, als den, der reichlich Segen über uns ausgießt. Nur tut er das oft viel reichlicher, als wir uns das hätten vorstellen können. Ich bin jedoch überzeugt, dass der ursprüngliche und zentrale Sinn dieses göttlichen *»unendlich mehr«* sich auf die Qualität und nicht die Quantität bezieht. Dieses *Mehr* weist in erster Linie auf einen gewaltigen Unterschied zwischen dem hin, was wir unter dem eigenen Wohl verstehen, und dem, was uns Gott zu unserem Wohl geben will, zwischen dem, was wir uns wünschen, und dem, was er für uns will. Das *Mehr* Gottes ist wirklich mehr, als wir verstehen können. Es befindet sich in einer Dimension, in die wir uns mit unseren menschlichen Gedanken gar nicht hineinversetzen können. Für den Menschen ist es charakteristisch zu suchen, was für seinen Körper und seine Seele gut ist – der Herr aber bietet uns *mehr* an. Er gibt uns, was für unseren Geist gut ist. Erinnern Sie sich, wie Esau sein Erstgeburtsrecht *verachtete*? Als er hungrig von der Jagd nach Hause kam, wollte er nichts anderes als einfach nur die Suppe, die sein Bruder gerade gekocht hatte. Und als Jakob sie ihm im Tausch gegen das Erstgeburtsrecht anbot, da sagte Esau: *»Schau, ich sterbe vor Hunger, was soll mir da das Erstgeburtsrecht?«*[176] Selbstverständlich bedeutet *»sterben«* hier bloß, dass er einen Bärenhunger hatte. Aber sonst ging es ihm gut. Ich will jetzt essen – was nützt mir da der geistliche Segen, mein Erstgeburtsrecht? So könnten wahrscheinlich auch die Israeliten in der Wüste geredet haben: Wir sind müde und hungrig. Was soll uns da deine Heiligkeit nützen? Die Wüstenwanderer wollten einfach essen und trinken. *Mehr* bedeutete für sie mehr essen. In der Geschichte mit den Wachteln hatte Gott einige Tage früher gezeigt, dass es für ihn ein Leichtes ist, *mehr* zu geben, auch nach menschlichem Verständnis. Doch das war keineswegs der Plan, den er für sein Volk bereithielt. Er hatte etwas viel Größeres vor, als er sie aus Ägypten führte. Deshalb wandte er sich an die Entkräfteten und halb Verhungerten, die nur davon träumten, gut zu essen und auszuruhen, und überhaupt nicht an Heiligkeit dachten. Den Obdachlosen bot er an, *sein besonderes Eigentum* zu werden, den Armen verhieß er, sie zu einem *Königreich von Priestern* zu machen, und aus den Murrenden und Unzufriedenen wollte er ein *heiliges Volk* machen. Das war *»unendlich viel mehr, als wir erbitten oder uns ausdenken können«*. Wie schwer war es für sie, dieses *Mehr* zu fassen!

Hier bin ich

Kehren wir zum Prolog, zu den Zeilen der *Akeda* zurück. Am Anfang von 1Mo 22, wo Gott sich anschickt, Abraham zu prüfen, ruft er: *»Abraham!«,* und Abraham antwortet bereitwillig: *»Hier bin ich.«* הנני. Der Midrash kommentiert und erweitert diese Antwort weise und ein bisschen ironisch: לכהונה הנני למלכות הנני. »Hier bin ich für das Priestertum, hier bin ich für das Königreich.«[177] Was ist damit gemeint? Abraham kann sich nach all den Verheißungen nicht vorstellen, was der Herr von ihm will. Er meldet sich sofort, doch er antwortet »für das Priestertum«, »für das Königreich«. Er ist überzeugt, dass er genau dazu berufen ist. Doch er bleibt seiner Berufung auch dann treu, als er erfährt, **wozu** ihn der Herr gerufen hat. Er zweifelt und schwankt nicht, als er versteht, welch schrecklichen Preis er für seine Treue wird bezahlen müssen. Deshalb wird Abraham zum Vater eines Volkes und zum Vater vieler Völker. Genau deshalb ist er אברהם אבינו, »unser Vater Abraham«.

Das Gleiche kann auch in unserem Leben geschehen. Der Herr ruft uns, und im Glauben an unsere Erwählung und hohe Bestimmung antworten wir bereitwillig: »Hier bin ich für das Priestertum, hier bin ich für das Königreich.« Wie die Jünger in Matthäus 20 teilen auch wir, untertänigst *»um etwas bittend«,* die Ehrenplätze in Gottes Reich unter uns auf. Und plötzlich, inmitten der Hektik der Vorbereitungen, erschüttert uns seine leise Stimme: *»Ihr wisst nicht, was ihr bittet. Könnt ihr den Kelch trinken, den ich trinken werde?«*[178] Das ist seine Erwählung: den Kelch trinken, den er trinkt, den Kelch, bei dem sogar er gebetet hat: *»Wenn es möglich ist, gehe dieser Kelch an mir vorüber.«*[179] Auf diese Erwählung gehen nur ganz wenige ein. *»Viele sind berufen«,* der Herr hat viele, die er bei ihrem Namen gerufen hat, und viele antworten bereitwillig: *Hier bin ich –, »aber wenige sind auserwählt.«*[180] Es sind wenige, die wie Abraham ihrer Erwählung auch dann treu bleiben, wenn es sich erweist, dass Gott sie nicht aufs Podest, sondern auf den Opferaltar ruft.

Der Herr gibt uns wirklich *»unendlich viel mehr, als wir erbitten oder uns ausdenken können«,* doch ist dieses *Mehr* für Leib und Seele oft sehr schwer, ja beinahe unerträglich. Die Opferung Isaaks war eine solche Prüfung, die alle Vorstellungen Abrahams überstieg. Dafür bewirkte sie in seinem Herzen *unendlich viel mehr,* als er sich denken konnte. Auch als Belohnung gab ihm der Herr *unendlich viel mehr: »Ich habe bei mir geschworen – Spruch des Herrn: Weil du das getan hast und deinen einzigen Sohn mir nicht vorenthalten hast..., sollen sich mit deinen Nachkommen alle Völker der Erde segnen, weil du auf meine Stimme gehört hast.«*[181] Wir werden später auf diese Verheißung zurückkommen. Jetzt wollen wir uns einprägen, dass der Herr seine Erwählten wirklich belohnt und segnet. Er hat für uns wirklich ein Königreich und ein Priestertum vorbereitet. Nur unterscheidet sich der Weg zu diesem Priestertum und zu diesem Königreich stark von dem, was wir *erbitten oder uns ausdenken.*

Gibt es wirklich nichts Besseres?

Gedanken wie die, von denen wir soeben gesprochen haben, steigen oft in mir auf, wenn ich auf dem Flughafen Ben Gurion aus dem Flugzeug steige. »Ich kann in zehn verschiedenen Städten und Ländern mit verbundenen Augen aus dem Flugzeug steigen und erkenne Israel sofort an der unglaublichen geistlichen Spannung, die hier buchstäblich wie Elektrizität in der Luft knistert.« Ungefähr so äußerte sich vor vielen Jahren ein Prediger, der Israel außerordentlich zugetan war. Damals war das Leben in unserem Land noch um einiges ruhiger als heute. Jedes Mal, wenn ich nach Hause komme, muss ich an diese Worte denken, und die ersten Tage nach der Rückkehr aus einem »normalen«, ruhigen Land fallen mir immer schwer. Eine Reise von Israel nach Finnland und zurück zum Beispiel, das ist wie ein Ausflug auf den Mond. Man ist nicht bloß in einem anderen Land gewesen, in dem die an und für sich gleichen Leute einfach etwas anders leben, man hat eine völlig andere Daseinsart gespürt, die wir für uns heute gar nicht mehr in Anspruch nehmen.

In diesen ersten Tagen schaue ich immer besonders gespannt in die Gesichter meiner Landsleute. Warum? Warum können wir nicht auch so leben? Warum bleibt das, was für andere als Norm gilt, für uns, die Erwählten, ein völlig unerreichbarer, unerfüllbarer Traum? Erschöpft von der endlosen Wanderung durch die Wüste des Leidens, erschöpft von den endlosen Kriegen und dem unaufhörlichen Terror möchten wir doch nichts anderes als einfach ein normales, ruhiges Leben führen. Wenn man an einem Tag wie dem, an dem ich heute schreibe, am *Yom Hasikkaron*, dem Gedenktag für die gefallenen Soldaten und die Opfer des Terrors, auf die für unser winziges Land unfassbar große Anzahl verwaister Familien schaut, versteht man diese Sehnsucht nach Frieden besonders gut. Aber anscheinend will der Herr für uns etwas ganz anderes, etwas, das sich nicht darauf beschränkt. Er will viel *mehr* als das, *mehr als alles, was wir erbitten oder uns ausdenken* können.

Im ersten Kapitel haben wir darüber gesprochen, dass die irdische Geschichte Israels, die von vielen als Strafe angesehen wird, in Wirklichkeit wie bei Hiob keine Strafe ist, sondern Erwählung zu einem besonderen Opferdienst nach Gottes Absicht. Wir sind **zu einem besonderen Platz in seinem Plan erwählt.** Im zweiten Kapitel haben wir aus der Geschichte von Benjamin verstanden, dass unsere **irdische Geschichte die Geschichte seines Planes und nicht seiner Gefühle ist,** dass die sichtbaren Umstände – der Querschnitt durch diese Geschichte in einem konkreten Moment – auf keinen Fall seine Herzenshaltung zu uns charakterisieren. Es ist uns klar geworden, dass unser Leiden keineswegs Zeugnis davon ablegt, dass er uns verlassen und verworfen hat. Seine Liebe zu Israel ist unerschütterlich, obwohl sie oft unsichtbar bleibt. In diesem Kapitel wollen wir versuchen, eine Antwort auf die wohl schwierigste und qualvollste Frage zu finden: Warum musste unserer Volk in der Vergangenheit so schrecklich leiden, und warum leidet es heute noch so schrecklich?

Meine Frage, Gottes Antwort

Warum? Warum sind die, *»die mich grundlos hassen, zahlreicher als die Haare auf meinem Kopf?«* Warum sind *»meine Verderber, meine verlogenen Feinde zahlreich?«* Warum *»soll ich erstatten, was ich nicht geraubt habe?«*[182] Warum war die Geschichte Israels in den letzten zweitausend Jahren eine Geschichte unaufhörlichen Schreckens, eine Geschichte von Schreien und Stöhnen, Rauch und Blut, wahrhaftig eine Geschichte des *Messers und Feuers,* die unseren Aufstieg zum Opferaltar begleiteten? Und wie soll man mit dem umgehen, was jetzt in Israel geschieht? Wie erklärt man einem Israeli, der einfach ruhig leben und in Sicherheit seine Kinder großziehen möchte – und deswegen beinahe zu allem bereit ist, sogar zu dem verrückten Versuch des »Friedensprozesses«, – wie erklärt man ihm, warum die Geschichte Israels nicht nur in der Vergangenheit eine Geschichte unendlicher Leiden war, sondern es auch heute so schrecklich ist? »Warum?«

schrie ich zu Gott, »warum erleidet dein Volk, das du liebst, das du auserwählt und zu deinem Volk gemacht hast, so schreckliche Qualen?«

Ich habe schon beschrieben, wie der Herr mich aufhielt, als ich meinen »Brüdern im Fleisch« in meinem Buch über Hiob locker und schamlos fixfertige christliche Rezepte für Israel mitteilen wollte. Das war der Beginn seiner Zwiesprache mit mir. Ich denke nicht, dass dieser Dialog heute schon beendet ist, doch wie viel hat sich in meiner Sicht und der meines Gatten, die einst auf der traditionellen christlichen Haltung gegenüber Israel gegründet war, schon verändert! Vor Jahren, beim Schreiben des Buches über Hiob, wurde mir mit aller Deutlichkeit klar, dass alle menschlichen Anstrengungen vor dem Leiden und dem Leidenden hilflos bleiben, wenn sie nicht von Gottes Geist erfüllt sind. Alle menschlichen Worte, die unter normalen Umständen möglicherweise helfen, erweisen sich als fruchtlos, gefährlich oder sogar tödlich im Angesicht des Leidens, in das nur der einzutreten vermag, *»der die Toten lebendig macht«.*[183] Deshalb nahm ich dieses Buch erst dann ernsthaft in Angriff, als ich mich der Tatsache stellte, dass keine Theologie in der Lage ist, in das Geheimnis Israels einzudringen, dass keine lehrmässige Theorie vor unseren Leiden standhält, das oft unerträglich und beinahe immer unerklärlich ist, und dass auf unser Stöhnen und unsere Fragen nur der Herr selbst durch seinen Geist eine Antwort geben kann.

Jahre bevor dieser letzte Krieg begann, als wir noch ein so genannt »friedliches Leben« führen konnten, als in Israel noch nicht jeden Tag, sondern nur jeden Monat Bomben hochgingen, fing ich an, zu Gott zu rufen: »Gib mir eine Antwort, erkläre mir, warum du schweigst, warum du nicht eingreifst. Du kannst doch nicht so unbeteiligt und ruhig auf all die von Bomben zerrissenen Kinder, auf die verwaisten Familien, die verunstalteten Überlebenden schauen! Schmerzt es dich wirklich nicht, wenn wir Schmerzen leiden?« Natürlich wusste ich alle traditionellen theologischen Antworten und konnte auf alle Fragen weit ausschweifende

Erklärungen abgeben. Doch wenn ich mit dem Herrn unter vier Augen allein war, weinte ich und flehte ihn um eine Antwort an. Irgendetwas fehlte in meinem Verständnis. Mir, die ich alle Antworten wusste, fehlte **Gottes Antwort**, seine greifbare Anteilnahme, seine hörbare Stimme, **seine lebendigen Tränen.** »Herr«, weinte ich, »weinst du nicht auch?«

Seine souveräne Hand

Der Herr gab mir eine Antwort, und ich will nun ausführlich erzählen, wie das zuging, denn mit dieser Antwort begann dieses Buch Gestalt anzunehmen. Es war im Jahr 1996. Im Mai fanden in Israel Wahlen statt.[184] Am Abend, als die Urnen geöffnet wurden und das Auszählen der Stimmen begann, zeigte sich sehr schnell, dass die Arbeitspartei an der Macht bleiben würde, die Israel während der letzten vier Jahre Stück um Stück verteilt und jene bewaffnet hatte, die heute auf uns schießen. Etwa um Mitternacht rissen sich mein Mann und ich vom Bildschirm los, wo der Jubel im Stab der IAP (Israelische Arbeitspartei) auf der einen und die bedrückten Gesichter der Likudwähler auf der anderen Bildhälfte zu sehen waren. Im Gebet legten wir Gott unser damals schon genug gequältes Land hin und legten uns schlafen. Es gab nichts mehr zu erwarten. Der Vorsprung der IAP schien mehr als überzeugend, der Ausgang der Wahlen offensichtlich. Uns blieb nichts anderes übrig als Israel Gott anzuvertrauen im Wissen, dass er sein Volk und sein Land nicht weniger liebt als wir.

Etwa um drei Uhr in der Nacht erwachten wir gleichzeitig. Beide waren wir durch ein unbestimmtes, aber sehr intensives Gefühl geweckt worden, von dem wir nicht genau sagen konnten, ob es ein Lufthauch oder eine Berührung gewesen war. Ich wusste, dass sich irgendwo irgendetwas abspielen musste – ob in der Luft oder im Himmel, ich wusste es nicht. Aber so unsichtbar wie es auch war, so deutlich spürten wir es. Bevor wir aufstanden, sagte mein Mann zu mir: »Schau mal, mein Kopfkissen ist ganz nass. Es sieht aus, als hätte ich im Schlaf geweint. Ich kann mich aber an nichts erinnern.« Da wir wussten, dass die Auszählung der Stimmen die ganze Nacht dauerte, schalteten wir den Fernseher wieder ein. Wir hatten zwar keine besonderen Hoffnungen, wir waren einfach neugierig, wie die Sache stand. Der Bildschirm war immer noch in zwei Hälften unterteilt, und wie am Abend waren beide Parteihauptquartiere zu sehen. Doch wie hatte sich das Bild gewandelt! Im Stab der IAP herrschte offensichtliche Verwirrung und Panik, im Stab des Likud dagegen beinahe Jubel. Später hörte ich von verschiedenen Gläubigen, dass auch sie etwa zur gleichen Zeit etwas Besonderes spürten. Als sie zum Fenster hinausschauten, sei der Himmel über Israel von einer großen Engelschar bedeckt gewesen. In jener Nacht geschah etwas Übernatürliches. Gott selbst griff souverän in den Lauf der Dinge ein, obwohl er sich selbstverständlich mit keiner politischen Partei identifiziert. Er ließ die schamlos und offen antigöttlich auftretende IAP nicht an die Macht kommen. Ob die Kandidaten selbst zu jener Zeit etwas spürten, weiß ich nicht, doch mussten sie zweifellos das direkte Wirken von Gottes Hand anerkennen. – In jener Nacht begann Benjamin Netanjahu seine erste Rede als Sieger und Premierminister mit den Worten des Propheten Sacharja: *»Nicht durch Macht, nicht durch Kraft, allein durch meinen Geist! – spricht der Herr der Heere.«*[185]

Lebendige Tränen

Einige Zeit später, nach einem weiteren Terroranschlag und der darauf folgenden Serie von Bestattungen, schrie ich wieder zu Gott: »Warum schweigst du, Gott Israels? Allmächtiger Gott, warum greifst du nicht ein, warum beschützt du dein Volk nicht? *Warum bist du wie ein Fremder im Land und wie ein Wanderer, der nur über Nacht einkehrt? Warum bist du wie ein ratloser Mann, wie ein Krieger, der nicht zu siegen vermag?*[186] Kannst du das alles tatsächlich ruhig mit ansehen? Weinst du tatsächlich nicht, wenn wir weinen?«

Als Antwort auf meine Tränen und mein Klagen sagte der Herr damals ganz einfach und klar: **»Ich weine.** Ich weine auch. Erinnerst du dich an die Tränen in jener Nacht, an das nasse Kissen? Erinnerst du dich, wie dein Mann sagte, er habe wahrscheinlich im Schlaf geweint, aber er wisse nicht warum? Ich war es, der in jener Nacht durch ihn weinte. Mit meinen Tränen über Israel und über Jerusalem wurde sein Kopfkissen getränkt. Ich weinte in jener Nacht – und ich weine immer mit euch allen, wenn ihr weint.«

Mit diesen Tränen, solch echten, fühlbaren, nassen Tränen Gottes fing dieses Buch für mich an. Der Vers aus dem Lukasevangelium, wo Jeshua über Jerusalem weint, – *»Als er näher kam und die Stadt sah, weinte er über sie«*[187] – sprach ganz neu zu meinem Herzen. Ja, ich wusste schon lange, dass der Menschensohn kurz vor seinem Leiden am Kreuz nicht über sich selbst weinte, sondern über die Kreuzesleiden, die seinem Volk bevorstanden, über Jahrhunderte von Hass und Verleumdung, von Kreuzrittern und Inquisition, über die Tausende, die in Pogromen umkommen würden, über die Millionen, die in den Gasöfen verschwinden würden. Doch wenn ich früher dachte, dass er damals, vor zweitausend Jahren, unsere kommenden Leiden im Voraus beweint habe, so weiß ich heute, nach jenem nassen Kopfkissen (nach dem, was *»unsere Hände angefasst haben«*[188]) mit Sicherheit, dass er auch heute genauso mit Israel weint. Wenn wir Schmerzen leiden, leidet er mit uns. Unsere unzähligen Wunden sind für ihn eine einzige offene Wunde, und die Tränen in unseren Augen sind auch seine Tränen.

Nichts kann das Herz stärker erschüttern, als die Tränen in Gottes Augen zu sehen. Die Tränen in den Augen dessen, den du bis vor kurzem für teilnahmslos und gleichgültig gehalten hast, den du für deine Leiden verantwortlich machst, die er jedenfalls zulässt und an dessen Adresse du öfter zornige und anklagende Monologe geschickt hast. Im vorhergehenden Kapitel, wo wir Josef in *seiner Kammer* sehen konnten, zeigte uns Gott seine **Tränen der Liebe.**

Wir sahen, wie Gott weinte, sich aber *zusammennahm und* seine Liebe zu Israel *zurückhielt.* In diesem Kapitel will er uns seine **Tränen des Mitleids** zeigen: Jeshuas lebendige, heiße und salzige Tränen – Tränen, die nicht nur wir hier sehen, sondern die alle gesehen haben, die ihm damals auf der Erde begegnet sind.

Ich glaube, einer der Gründe, warum der Herr mich dieses Buch schreiben ließ, ist der, dass die Leser **seine Tränen, sein Leiden** sehen können. Bist du vielleicht einer der Leser, an die diese Worte gerichtet sind? Sucht er heute gerade dein verletztes und verhärtetes Herz? Wenn du jemand bist, der sich lange Jahre von ihm abgewendet und sich vor seinen Blicken versteckt hat, der sich einfach nicht mit Gott versöhnen und ihm das persönliche Leiden und das Leiden Israels nicht vergeben konnte – dann erhebe deine von Tränen geröteten und geschwollenen Augen zu ihm empor und sieh seine Tränen, sein Leiden. Ich bete, dass die vom Schmerz verhärtete Seele durch diese Tränen gewaschen und erneuert werden kann. Ich bete, dass das blutende Herz, tief berührt von Gottes Schmerz, ihm erlaubt, sich niederzubeugen und deine Wunden zu verbinden. Ich bete, dass jemandes Beziehung zu Gott sich für immer verändert, wenn er sein Bild im Flügelspiegel sieht: Das Bild des Vaters, der Israel zum Gefangenen seines Planes zur Erlösung der Völker gemacht hat und aus Liebe in *seiner Kammer* weint, aber *sein Sehnen und sein Erbarmen zurückhält;* das Bild des Sohnes, der weiß, dass er nicht nur gekommen ist, um ans Kreuz zu gehen, sondern auch, damit sein Volk ans gleiche Kreuz geschlagen wird, und der offen über all das Leid weint, das in seinem Namen über Israel ausgeschüttet werden soll.

Eine Antwort des Herrn

All das war aber erst der Anfang von Gottes Zwiegespräch mit mir. In Gedanken musste ich immer wieder zu dem nassen Kissen zurückkehren und darüber nachdenken, warum der Herr in jener

Nacht weinte. Wusste er wirklich nicht, dass er nach ganz kurzer Zeit eingreifen und mit einem Schlag alles ändern werde? Warum weinte er denn? »Warum, Herr, hast du damals geweint?« fragte ich weiter, denn ich spürte, dass dahinter etwas steckte, das er mir zeigen wollte, das ich einfach sehen und verstehen musste. Doch *das Verborgene,* das *noch Gott gehört,* offenbart sich nur dann, wenn es sein Wille ist, wenn er es selbst vor uns entsiegelt. »Verstehst du das wirklich nicht?« fragte er. »Denk zurück – so etwas hat es doch schon einmal gegeben!« Ganz erstaunt erinnerte ich mich plötzlich. Durch seinen Geist hielt er mir eine andere biblische Geschichte mit Tränen vor Augen, eine Geschichte, in der er auch nur wenige Augenblicke vor seinem Eingreifen weinte.

Sie werden wahrscheinlich erraten, wovon die Rede ist. Wenn nicht, so gehen Sie zu den Leitversen am Anfang dieses Kapitels zurück. Im Johannesevangelium lesen wir, dass Jeshua am Grab von Lazarus Leiden und Tod dessen beweint, den er einige Augenblicke später vom Tod auferwecken wird. Selbstverständlich stürzte ich mich sofort auf diese Geschichte. Immer und immer wieder las ich sie durch und fing langsam an zu verstehen. Die Umrisse eines Bildes, das mir am Anfang vage und undeutlich erschien, zeichneten sich immer klarer vor meinem geistigen Auge ab. Als der Herr weiterfragte: »weißt du eigentlich, wie oft Jeshua in den Evangelien weint?«, wurde mir plötzlich eine Tatsache bewusst, über die ich früher nie nachgedacht hatte. Im ganzen Neuen Testament gibt es nur zwei Stellen, an denen Jeshua weint: einmal über Jerusalem und einmal über Lazarus. Diese beiden Geschichten vereinten sich nun plötzlich vor meinem inneren Auge. Jeder Gläubige hat wohl schon erlebt, dass etwas, was er vorher nicht beachtet hatte, plötzlich deutlich hervortritt, weil es von Gott erhellt wird. Es ist dann, wie wenn ein inneres Klicken diese Offenbarung bestätigen würde. Ich weiß nicht, warum bis jetzt niemand (soviel mir bekannt ist) diese beiden Szenen nebeneinander gestellt hat. Es war aber offensichtlich Gottes Wunsch, sie für mich zu verbinden. Wenn er etwas zeigt, scheint es nachher so offensichtlich! Als Antwort auf mein Nachdenken und Beten über die Tränen, die Jeshua über Jerusalem geweint hat, zeigte er mir seine Tränen kurz vor seinem Eingreifen in das Wahlgeschehen, so dass ich mich dann an seine Tränen über Lazarus erinnern konnte.

Der Herr wählt manchmal recht unerwartete Wege, um uns etwas zu zeigen. Ich erinnere mich an folgende Begebenheit: Einmal als ich betete, streckte ich mich so unglücklich nach meiner Bibel aus, dass ich mein Knie schmerzhaft aufschlug. Als ich dann aufstand, um die Bibel zu holen, hinkte ich ziemlich stark. Doch wie war ich berührt, als ich meine Bibel aufmachte und las: *»Ich mache die Hinkenden zum (heiligen) Rest und die Schwachen zu einem mächtigen Volk.«*[189] Auf diese Art antwortete er mir völlig unerwartet, aber sehr anschaulich, auf mein Gebet über Israel und über seine Perspektive für meinen Platz in Israel.

Doch nun zurück zu unserem Thema. Die Geschichte von Lazarus erwies sich als ein weiterer Schlüssel zur Geschichte Israels oder, genauer gesagt, als ein weiterer Spiegelflügel, in dem sich unser Schicksal und unsere Erwählung unter einem neuen Blickwinkel und mit unglaublicher Eindringlichkeit spiegelt.

»Du fragst mich, wozu Israel erwählt ist. Ich werde dir zeigen, was Erwählung bedeutet. Ich zeige dir einen Menschen, der von Gott auserwählt war, auserwählt, um ihn mit dem größten Wunder zu verherrlichen, das er während seines Lebens auf der Erde vollbracht hat. Erwählt aber auch, um Krankheit zu erleiden, um vor Schmerz zu stöhnen, um sich im Fieber hin und her zu werfen, um auf den Herrn zu warten bis zuletzt und um schließlich zu sterben und ins Grab gelegt zu werden. Er war auch dazu erwählt, so viel zu leiden, dass der Sohn Gottes über dieses große Leiden weinte, so wie er auch über Jerusalem weinte, bevor er dort verherrlicht wurde. Erwählt, um durch Prüfungen zu gehen, die *unendlich viel größer* waren, als er sich vorstellen konnte – und um nachher *unendlich viel mehr* Segen zu erhalten, als er bitten konnte.

Erwählt zum Leiden, doch dieses Leiden war nur das Vorwort zu der Herrlichkeit Gottes, zu der er bestimmt war.«

Durch die Tränen Jeshuas also hat mir der Herr geholfen, die Erwählung Israels im Spiegelbild der Erwählung des Lazarus zu sehen. Das war seine Antwort auf meine Tränen und meine Fragen. Und wenn auch der irdische Weg Israels für uns oft unverständlich ist, weil vieles noch versiegelt ist, so erklärt Jeshua seinen Jüngern (und auch uns) in dieser biblischen Geschichte ausführlich den Sinn der Geschehnisse. Israel, das sich in Lazarus widerspiegelt, kann deshalb auf völlig andere Weise verstanden werden, von einem Standpunkt aus, der demjenigen Gottes viel näher ist. In diesem Kapitel werden wir über Lazarus und seine Erwählung sprechen, und natürlich auch über Israel und seine Erwählung. Wir beginnen mit dem elften Kapitel des Johannesevangeliums und lesen ganz am Anfang: *»Ein Mann war krank, Lazarus aus Bethanien.«*[190]

Nur der Anfang

»Ein Mann war krank, Lazarus aus Bethanien«. So einfach und trocken fängt dieses Kapitel an. In diesem kurzen Satz verdichtet sich das ganze Drama, das sich während einiger qualvoller Tage in Bethanien abspielt und das von hier aus fast nicht zu sehen ist. Die Geschichte ist so aufgebaut, dass alles, was mit Lazarus geschieht, sein zuerst harmlos scheinendes Unwohlsein, das sich in einigen Stunden zu einer gefährlichen Krankheit mit Fieber und Bewusstlosigkeit entwickelt, die wachsenden Sorgen der Schwestern – all das bleibt für uns unsichtbar im Hintergrund. Obwohl es zweifellos Teil von Gottes Plan ist, erweist es sich doch im Nachhinein nur als Prolog zu diesem Plan.

Im Gegensatz zum Buch Hiob, wo man fast durchwegs sehnsüchtig auf die letzten Kapitel wartet, in denen der Herr selbst in die Geschichte eingreift, ist dieses Kapitel von Johannes ganz dem

Kommen Jeshuas nach Bethanien gewidmet. Die Tage der Krankheit, des Leidens und des Wartens sind hier in einigen kurzen Versen zusammengefasst, in denen, wie meist in der Bibel, nichts über die Gefühle derer gesagt wird, die angstvoll und verunsichert warten. Zweifel und Groll gegen Gott machen einen großen Teil des Textes im Hiobbuch aus. Die gleichen Gefühle bei Lazarus und seinen Schwestern sind außerhalb des Textes oder zwischen den Zeilen zu finden. Mehr noch, während wir Hiobs Leidensgeschichte im Allgemeinen aus seinen eigenen Worten vernehmen, hören wir in der Geschichte, in der Lazarus leidet, stirbt und aufersteht, keinen Ton, keine Frage, kein Stöhnen von Lazarus selbst (wie wir auch aus Benjamins Mund kein einziges Wort gehört haben!). Der Leser bemerkt dieses Leiden kaum, und man könnte denken, auch Jeshua habe es kaum beachtet, wenn nicht seine Tränen am Grab gewesen wären, von denen wir noch sprechen werden. Diese Geschichte wird von außenstehenden miterlebt und uns einzig durch sie weitergegeben. Sogar die Kommentare und Erklärungen von Jeshua sind nicht an Lazarus gerichtet (wie im Buch Hiob, als *»der Herr dem Hiob antwortete«*[191]), sondern an andere: an die Jünger, an die Schwestern, einfach an Zeugen.

Das alles ist natürlich kein Zufall, denn in Gottes Wort gibt es keine Zufälle. Jede Geschichte gibt Antwort auf eine bestimmte Frage und erfüllt eine bestimmte Aufgabe. Im Buch Hiob gibt Gott Antwort auf das Schreien und Fragen des leidenden Hiob: »Du wirst nicht gestraft, du bist auserwählt zum Leiden, und durch dieses Leiden wird dein Herz neu geboren.« Auch Lazarus wird nicht gestraft, sondern er ist zum Leiden erwählt, und zwar in erster Linie dazu, dass die Herzen anderer Menschen verwandelt und erneuert werden können. Ich bin überzeugt, dass auch die Tröster bei Hiob am Schluss Umkehr und Erneuerung erlebt haben, doch alles, was mit seinen Freunden geschieht, nimmt einen zweitrangigen Platz ein. Was Lazarus betrifft, habe ich nicht den leisesten Zweifel, dass auch er nicht nur körperlich mit neuem Leben aus dem Grab herauskam. Der Herr hat Krankheit,

Tod und Auferstehung des Lazarus aber vor allem dazu gebraucht, dass wir an diesem Beispiel Gottes Erwählung in Aktion sehen können: einen Menschen, der dazu **erwählt** ist, **um anderer willen zu leiden.** Darum ist diese Geschichte ein wichtiger Schlüssel für das Verständnis von Israels Bestimmung.

Ein Hoffnungsstrahl

Auch der zweite Vers dieses Kapitels ist spannend. Der Autor des Evangeliums präzisiert, wer Maria und Marta, die Schwestern von Lazarus, sind, und erklärt, dass es Maria ist, *»die den Herrn mit Öl gesalbt und seine Füße mit ihrem Haar abgetrocknet hat«.*[192] Diesen Kommentar könnte man fast übersehen, wenn es da nicht ein kleines Detail gäbe: Die Episode, in der Maria *»die Füße Jesu salbte und mit ihrem Haar trocknete«*[193], geschieht erst nach der Auferweckung von Lazarus, und zwar in Johannes 12. Jetzt, am Anfang der Krankheit von Lazarus, ist der Leser, der das neue Testament der Reihe nach durchliest, den Schwestern noch gar nicht begegnet und weiß noch nichts über sie. Die bekannte Szene mit den Schwestern: *»Marta, Marta, du machst dir viele Sorgen und Mühen«*[194] steht in Lukas 10,41. Ich denke, dass der Evangelist diesen »Fehler« absichtlich gemacht hat. Es ist, wie wenn der Autor hier ganz von Anfang an einen geheimen Wegweiser in die Geschichte eingebaut hätte, der in die Zukunft weist. Er ist leicht zu übersehen, und man entdeckt ihn nur beim genauen Hinsehen. Wer Gottes Handschrift kennt, der weiß, dass ein solch unscheinbares Zeichen für ihn charakteristisch ist. In diesen schrecklichen Tagen mag es nicht nur Lazarus und seinen Schwestern scheinen, dass ihr ganzes Leben mit dem Herrn – seine Beziehung zu ihnen, ihre Treue zu ihm; seine Liebe zu ihnen und alles, was er sie gelehrt hatte – in Frage gestellt worden sei. Ja, Lazarus ist krank, und soviel wir wissen, geht es ihm immer schlechter. Die Hoffnung schwindet, der Glaube wird schwach. Doch mitten in diese scheinbar undurchdringliche Dunkelheit schickt der Herr einen Lichtstrahl, der in die Zukunft weist. Der sensible Leser, der diesem Wegweiser folgt, schaut ins 12. Kapitel hinein und kehrt von dort beruhigt ins 11. zurück mit der festen Gewissheit: So hoffnungslos der heutige Tag für Lazarus und seine Schwestern auch aussieht, so sicher gibt es in ihrem Leben ein Morgen.

Obwohl all das keinen direkten Bezug zum Thema dieses Buches und dieses Kapitels hat, legte mir der Herr diese Gedanken aus irgendeinem Grund aufs Herz. Vielleicht sind sie für jemand bedeutungsvoll, der diese Zeilen liest. Wir können ja in unserem Leben keine Seite umblättern und ins nächste Kapitel hineinschauen. Und doch möchte der Herr, dass wir diese verborgenen Zeichen seiner Liebe, die uns mit der Zukunft verbinden, erkennen. So tief die Dunkelheit auch ist, die uns jetzt gerade umgibt, so düster und hoffnungslos die heutigen Umstände auch scheinen mögen, glauben Sie, sein Licht scheint in diese Dunkelheit hinein. Der Keimling der Hoffnung, den Sie jetzt noch nicht sehen, den Sie vielleicht gar nicht sehen wollen, der aber in der Dunkelheit und dem Leid irgendwo in Ihrem Herzen heranwächst, wird zu diesem Licht durchdringen. Erschrecken Sie nicht, reißen Sie den Keimling nicht aus in der Angst, er werde Ihnen neue Schmerzen bereiten, wenn er sich zwischen den Steinplatten durchzwängt, mit denen Sie Ihr Herz umgeben haben. Öffnen Sie sich dem Herrn, gestatten Sie seiner Liebe und Zärtlichkeit, Ihr verletztes Herz zu berühren und das, was tot scheint, zu beleben. Erlauben Sie der Geschichte von Lazarus, zu Ihrer eigenen Geschichte zu werden. Erlauben Sie dem, der *die Toten lebendig macht*, zu Ihnen zu kommen und Sie zu auferwecken!

Der, den du lieb hast

Wir kommen zum dritten Vers und finden Maria und Marta so besorgt, dass sie sich entscheiden, den geliebten Lehrer zu alarmieren. Es sind erstaunliche Worte, mit denen sie Jeshua von der Krankheit ihres Bruders in Kenntnis setzen: *»Herr, siehe, der, den* *du lieb hast, liegt krank.«*[195] Wir wollen ein wenig über den Text dieser Kurzbotschaft nachdenken. Jeshua, der auf diese Erde kam, weil *»Gott die Welt so sehr geliebt hat«*[196], war die verkörperte Liebe des Vaters, das Wort der Liebe, aus dem Herzen der Liebe auf die Erde gesandt. Ich denke, jeder, der mit ihm in Berührung gekommen ist, hat diese Liebe gespürt. Wir könnten erstaunt fragen: Woher nehmen die Schwestern dieses Selbstvertrauen? Woher kommt diese Anmaßung? Liebte Jeshua etwa alle anderen nicht auch? Hatten die Schwestern das Recht, Lazarus so aus allen anderen hervorzuheben und die besondere Liebe des Herrn zu ihm so zu unterstreichen? Ich nehme an, dass sie sich in jenem Moment weder über die theologische Richtigkeit ihrer Nachricht noch über die Rechtfertigung ihrer Bitte Gedanken machten. Sie wollten Jeshua einfach so schnell als möglich mitteilen, dass ihr Bruder krank war, und suchten eine möglichst kurze, präzise Formulierung. Merkwürdig ist nur, dass die Worte »der, *den du lieb hast«,* den Bruder in den Augen der Schwestern konkreter und genauer beschreiben als sein Name. Man kann daraus schließen, dass Jeshua in so besonderer Weise mit Lazarus verbunden war, dass Lazarus in seinen Augen so wertvoll und seine Liebe zu ihm so groß war, dass diese Worte ihn nicht nur für die Schwestern, sondern auch für den Herrn in jeder Beziehung eindeutig definierten.

Noch nie in meinem Leben habe ich in einer Predigt auch nur bruchstückhaft etwas über diese Worte gehört. Die Prediger sprechen anscheinend nicht gern davon, dass der Herr, der alle Menschen liebt, jemanden besonders lieben könnte. Für mich sind diese Worte aber sehr wertvoll. Durch sie wie durch die Geschichte von Lazarus überhaupt leuchtet eine spezielle Beziehung Gottes zu unserem Volk hindurch. Ja, Gott, der die Welt liebt, liebt jeden Menschen, unabhängig von Nationalität und Wohnort. Und doch sind diese äußerst zarten Worte aus dem Buch Jeremia, durch welche der Herr immer wieder zu vielen Herzen spricht: *»Mit ewiger Liebe habe ich dich geliebt«*[197], ursprünglich an Israel gerichtet. Sie sind Gottes Liebeserklärung an sein Volk. Ich bin überzeugt, dass der Herr sehr gut wusste, von wem die Rede war, als er die Botschaft der Schwestern von Lazarus erhielt: *»Der, den du lieb hast…«* Mit dieser kurzen Nachricht, die eigentlich ein Gebet ist, mit dem sich die Schwestern an Jeshua wenden, lehrt der Herr die Gläubigen, richtig für das Volk Israel zu beten.

Vor Jahren kannte ich eine alte estnische Schwester, deren Herz von einer übergroßen Liebe zu Israel erfüllt war. Wie die Prophetin Hanna in Lukas 2, die *»Gott Tag und Nacht diente mit Fasten und Beten«*[198], setzte auch sie sich unermüdlich für das auserwählte Volk bei Gott ein. Jetzt ist sie schon beim Herrn und ich kann sie nicht mehr fragen, mit welchen Worten sie betete. Doch ich glaube, dass der Kern ihrer Gebete der war: *»Herr, siehe, der, den du lieb hast, ist krank.«* Nicht: »Herr, siehe, der, den du verworfen und bestraft hast, ist krank,« nicht: »Herr, siehe, der, der gesündigt hat, ist krank,« wie so oft überheblich und herablassend für Israel gebetet wird. Nein, sondern: *»Herr, siehe, der, den du lieb hast, ist krank.«* Das ist die einzig richtige Art, wie Sie sich im Gebet für Israel an Gott wenden können. Sie müssen tief im Herzen wissen, dass sich dieses Volk nicht nur quält, nicht nur leidet und sich nach Gottes Heilung sehnt, sondern dass Gott es mit einer besonderen, ewigen Liebe liebt, dass diese besondere Liebe des Herrn für Lazarus zuerst Krankheit, Leiden, Sterben und Grablegung bedeutet hat. Israels Erwählung ist die von Lazarus. Die besondere Liebe des Herrn zu uns, der besondere Plan für und mit uns umfasst ebenfalls Krankheit, Leiden und »Verlassensein« von Gott. Der Auferstehung geht unvermeidlich das Sterben voraus. Sind Sie wirklich bereit, auf eine Erwählung neidisch zu sein, die so sehr einem Kreuz gleicht?

Zur Verherrlichung Gottes

Wie wir festgestellt haben, war Lazarus in den Augen des Herrn ein besonderer Mensch. Ungewohnt und besonders war in seinen Augen offensichtlich auch die Krankheit von Lazarus. Als Jeshua von ihr erfuhr, sagte er: *»Diese Krankheit wird nicht zum Tod führen, sondern dient der Verherrlichung Gottes. Durch sie soll der Sohn Gottes verherrlicht werden.«*[199] Wer für Gottes Wort und seinen Geist offen ist, der erkennt hier bestimmt Gottes andeutenden Hinweis. Solche Verheißungen, die uns eine Offenbarung von Gottes Herrlichkeit nach allen Leiden zusagen, werden im Tenach öfters für Israel ausgesprochen. Aus diesem Grund benützt der Herr die Lazarusgeschichte, um zu zeigen, auf welchem Weg diese Verherrlichung geschieht. Bevor sie nämlich zur Geschichte der Verherrlichung werden kann, muss sie eine Geschichte der Krankheit, des Leidens und Sterbens sein. *»Amen, amen, ich sage euch: Wenn das Weizenkorn nicht in die Erde fällt und stirbt…«*[200] Ganz von Anfang an wird uns gesagt, wie wertvoll Lazarus für Jeshua ist und dass seine Krankheit *zur Verherrlichung Gottes* dienen soll. Sobald Jeshua von der Krankheit erfährt, wäre es doch natürlich, dass er alles fallen ließe und zu Lazarus eilte, um ihn zu heilen. Doch an der Stelle, wo wir so gerne lesen möchten: »Als er hörte, dass Lazarus krank war, eilte er schnellstens zu ihm, um ihn zu heilen«, steht etwas völlig anderes: *»Als er hörte, dass Lazarus krank war, blieb er noch zwei Tage an dem Ort, wo er sich aufhielt.«*[201]

Kaum jemand, der über diesen Text predigt, kann der Versuchung widerstehen, diese qualvollen Tage zu beschreiben: Lazarus, der sich im Fieberwahn hin und her wälzt, die Schwestern, die abwechslungsweise an seinem Bett wachen, das aufreibende Warten, die Hoffnung, die mit Verzweiflung abwechselt, und natürlich der Schluss – Lazarus stirbt, weil Jeshua nicht gekommen ist. Wenn ich über diese Tage nachdenke, dann scheint es mir, nicht das Warten, sondern Verunsicherung und Verständnislosigkeit seien das Schwerste gewesen: warum? Ich stelle mir Maria und Marta vor, wie sie sich Mühe geben zu verstehen, was geschieht, warum sie der Herr im Stich lässt. Ich stelle mir Lazarus vor, der von Zeit zu Zeit zu sich kommt und mit ausgetrockneten Lippen fragt: »Ist er noch nicht gekommen?« – und erneut in die Bewusstlosigkeit sinkt. Die Bibel erzählt uns nichts über die Gefühle des Kranken, doch nach dem zu urteilen, wie die Schwestern einige Tage später Jeshua empfangen, nehme ich an, dass es für Lazarus sehr schwer gewesen sein muss, weiter zu glauben. Die letzten Tage waren wohl von Schmerz und Bitterkeit über das vermeintliche Verlassensein von Gott erfüllt.

Doch noch deutlicher als Lazarus und seine Schwestern stelle ich mir die Nachbarn vor, die dieses Drama von den Fenstern ihrer Häuser aus beobachten und unverständig den Kopf schütteln: »Er kommt immer noch nicht! Und wir haben gedacht, er habe ihn lieb, doch nun scheint es, dass er nicht einmal im Sinn hat, hierher zu kommen. Wahrscheinlich hat er Wichtigeres zu tun. Wahrscheinlich hat Lazarus gesündigt und Jeshua ist von ihm enttäuscht. Vielleicht hat er ihn überhaupt nie geliebt.« Ich nehme an, dass solches Geschwätz in jenen Tagen in Bethanien die Runde machte und den Schwestern endgültig das Herz zerriss. Kann es wirklich sein, dass der Herr ihren Bruder im Stich lässt? Hat Jeshua tatsächlich aufgehört, Lazarus zu lieben? Kann es sein, dass ihr Leiden für ihn unbedeutend ist?

Hier treffen wir wieder, wie schon im Hiobbuch und in der Josefsgeschichte, auf dasselbe erstaunliche Merkmal. Auch in der Geschichte von Lazarus steckt ein Geheimnis, das bis zu seiner Enthüllung allen Beteiligten völlig verborgen bleibt: das Geheimnis der Liebe Gottes, die in Gottes Plan verborgen ist: *»Diese Krankheit führt nicht zum Tode, sondern dient der Verherrlichung Gottes.«* Weder Lazarus noch seine Schwestern noch jene, die ihnen in diesen schrecklichen Tagen nahe waren, konnten die Worte Jeshuas über die Krankheit von Lazarus hören. Sie konnten auch keinen Kommentar des Autors über seine Liebe zu ihnen lesen (wie auch Hiob den Prolog zu seinem Buch nicht lesen und Benjamin die Tränen Josefs in der Kammer nicht sehen konnte). Sie und ich jedoch erfahren ganz von Anfang an, dass der Herr Lazarus liebt. Darum kann der, der von dieser verborgenen Liebe weiß, die Geschehnisse aus einer ganz anderen Perspektive sehen als die handelnden Personen. Wer den Prolog im Buch Hiob kennt, verdächtigt Gott nicht, er bestrafe den von ihm auserwählten und geliebten Gerechten. Wer Josef in seiner Kammer weinen sieht, der zweifelt nicht an seiner Liebe zu Benjamin, auch dann nicht, als er den Becher in den Sack seines Bruders steckt. Weil wir mit aller Deutlichkeit durch das zuverlässige Wort Gottes erfahren haben, dass Jeshua Lazarus liebt, sehen wir Jeshuas Handeln, seinen ganzen Plan mit Lazarus, im Licht seiner unveränderlichen Liebe.

Glaube trotz allem

Das ist, wenn Sie so wollen, eine Lektion für jeden Gläubigen. Es kommt in unserem Leben nicht selten vor, dass wir uns an der Stelle von Lazarus befinden und die Verse 4 und 5 über die Liebe Gottes und seinen Plan verborgen bleiben, wie sie für Lazarus verborgen waren. Wenn wir uns in einer schwierigen und unverständlichen Situation befinden, sind wir oft am Anfang fest davon überzeugt, dass der Herr sofort eingreifen und unser Problem lösen wird. Jede Minute erwarten wir sein Kommen – doch die Zeit verstreicht, die Umstände verschlechtern sich laufend, aber Gott schweigt und handelt nicht. Und wir beginnen an seiner Liebe zu zweifeln: Wo bist du denn, Herr? Ich habe so sehr an dich geglaubt, warum schweigst du? Du hast mich doch nicht etwa vergessen? Es kann doch nicht sein, dass du mich nicht mehr liebst? Bedeutet dir mein Leiden nichts? Warum kommst du nicht, um mir zu helfen, mich zu retten, mich zu heilen? Das 11. Kapitel des Johannesevangeliums lehrt uns, dass die jetzigen Umstände, so tragisch und unerklärlich sie uns auch scheinen, nicht zufällig sind. Hinter ihnen steht, wie in der Geschichte von Lazarus, das Geheimnis der Liebe Gottes, das Geheimnis von Gottes Plan.

»Glaube aber ist: …Überzeugtsein von Dingen, die man nicht sieht«[202], sagt Gottes Wort. In den Geschichten, die mir für dieses Buch aufs Herz gelegt worden sind, bleibt Gottes Liebe hinter den tragischen, sichtbaren Umständen immer unsichtbar. Letztlich

kann das alles in einem einfachen, fast banalen Satz zusammengefasst werden: Der Glaube besteht darin, auch dann weiter auf die Liebe Gottes zu vertrauen, wenn rund um uns alles dagegen spricht. Streben Sie danach, in diesem Glauben zu leben. Richten Sie Ihr Vertrauen auf den, der uns geschaffen hat. Halten Sie an der Tatsache fest, dass Gott Sie liebt, auch dann, wenn sie weder für Sie noch für andere sichtbar ist. Denken Sie daran: Sogar wenn sein Plan mit Ihnen diese Liebe verdeckt, ist er gerade auf dieser Liebe gegründet. Durch seine Pläne bereitet uns der Herr auf das Priestertum und auf das Königreich vor. Er will uns wirklich *»unendlich viel mehr geben, als wir bitten oder uns ausdenken können.«* Doch er führt uns nur auf seinen, nicht auf unseren Wegen zu diesem *»unendlich viel mehr«*.

Israels Identitätskrise

Wir haben gesehen, wie Lazarus vor seiner Krankheit wusste, dass Gott ihn liebte und ihn nicht verlassen hatte. So wusste auch Israel vor dem Kommen Jeshuas (genauer bis zum Aufstieg des Christentums), dass es ein besonderes Volk und Gottes Eigentum war. Die Formulierung, die die Schwestern in ihrer Nachricht an Jeshua für Lazarus gefunden haben, ist eigentlich das Selbstverständnis Israels, das Gott ihm gegeben hat. Nicht aus eigenem Stolz, sondern aus Gottes lebendigem Wort wusste unser Volk, dass wir diejenigen sind, *die er liebt.*

Die Veränderungen, die vor zweitausend Jahren geschahen, sind aus der Sicht Israels nur schwer zu verstehen, so wie auch für Lazarus nur schwer zu verstehen war, was im Verlauf seiner wenigen Krankheitstage geschah. Wenn man sich an die traditionelle christliche Theologie hält, mag es wohl so aussehen, als würde Gott sein Volk im Stich lassen. Er schickt den Messias, auf den Israel (und sonst niemand) so lange gespannt gewartet hat, in diese Welt, doch die himmlischen Reichtümer der Gnade und Barmherzigkeit ergießen sich in Strömen auf andere Völker, während Israel jahrhundertelanges Leiden aufgebürdet wird. Ist so etwas denkbar? Konnte Gott sein Volk »verraten«? Konnte er so mit dem Volk verfahren, das er seinen geliebten Sohn und Erstgeborenen nennt?

Als ganz junge Gläubige hörte ich einst einen Prediger, der als Beispiel für das Opfer Gottes, des Vaters, und den Kreuzestod Jeshuas sich und seinen Sohn anführte. »Ich habe einen Teenager als Sohn, einen schüchternen, ängstlichen Jungen, der sich vor allem fürchtet und mich, seinen Vater, über alles liebt. Stellen Sie sich vor, einer unserer Bekannten habe ein Verbrechen begangen, komme vor Gericht und werde zum Tode verurteilt. Stellen Sie sich vor, ich würde mich entscheiden, sein Leben mit dem Leben meines Sohnes loszukaufen. Nachdem ich die Sache mit dem ziemlich erstaunten, zum Schluss aber einverstandenen Richter geregelt habe, komme ich nach Hause und sage zu meinem Jungen: Ich brauche dich, komm mit mir, ich habe eine Arbeit für dich. Da sein Vertrauen zu mir grenzenlos ist, folgt er mir, ohne etwas zu fragen oder Verdacht zu schöpfen. Wir kommen miteinander zum Gefängnis, wo er sterben soll. Dort ist es dunkel und schrecklich. Ich sehe, wie erschrocken und fragend er mich anschaut, wie er in meinen Augen Unterstützung und Beruhigung sucht. Er sieht in mir den Garanten, dass ihm nichts Schreckliches geschehen wird. Mir zerreißt es beinahe das Herz. Doch ich schaue von ihm weg, um diese unendlich vertrauten und unendlich erschrockenen Augen nicht sehen zu müssen, und gebe mit einem Kopfnicken das Zeichen, anzufangen. Das Letzte, was ich sehe, sind die Augen meines Sohnes, die voll Entsetzen und Unverständnis auf mich gerichtet sind. »Was tust du mit mir, Papa?« schreien diese Augen – dann ist alles vorbei. Erschüttert und schluchzend laufe ich aus diesem schrecklichen Raum hinaus.«

Das war selbstverständlich nicht das Ende der Predigt. Der Pastor sprach davon, was jener Vater wohl fühlen musste, als der Mensch, dessen Freiheit er mit dem Leben seines Sohnes erkauft hatte, ihm nach der Entlassung aus dem Gefängnis nicht einmal danke sagte, ja ihm sogar noch ins Gesicht lachte. So handeln die, die das Opfer auf Golgatha nicht annehmen. Das war der Sinn dieser Illustration. Nach etlichen Jahren hat Gott diese Predigt in meinem Gedächtnis wieder aufleben lassen, als er mit mir über seinen Sohn Israel sprach. Ich schrieb im *Prolog* davon, dass der Unterschied zwischen Jeshua und dem zur Opferung geführten Isaak darin bestand, dass Jeshua sehr gut wusste, dass *er deshalb in diese Stunde gekommen* war, während Isaak keine Ahnung hatte, wohin ihn der Vater führte und was er mit ihm zu tun gedachte. Das Bild des Sohnes, der seinem Vater grenzenlos vertraut und doch von ihm zum Sterben geführt wird, hat sich mir tief eingeprägt und entspricht genau dem, was wir über Isaak und Lazarus gesprochen haben. Es ist auch eine treffende Darstellung dessen, was mir der Herr über Israel gezeigt hat.

Es ist unmöglich, die Gefühle zu beschreiben, die ein Mensch empfindet, wenn der, dessen Liebe er sich absolut sicher ist, sich in keiner Weise dieser Liebe entsprechend verhält. Lazarus war sich der Liebe des Herrn sicher und erwartete ihn jede Minute, doch Jeshua kam nicht. Die wenigen Tage seiner Krankheit wurden für ihn zu einem schrecklichen Erlebnis und zu einem unüberwindlichen Glaubenshindernis, das all dem widersprach, was Lazarus vom Herrn und seiner Beziehung zu ihm wusste. In ähnlicher Weise wurden die Ereignisse der ersten Jahrhunderte unserer Zeitrechnung für Israel zu einer völlig unerwarteten, schrecklichen Erfahrung. Das Volk, das von der Liebe Gottes zu ihm und von seiner Erwählung und besonderen Stellung vollkommen überzeugt war, wurde geschändet, verachtet und beinahe vernichtet. Der Tempel wurde zerstört, Zehntausende von Juden umgebracht oder in Gefangenschaft geführt. Zu all dem und in völligem Einklang mit dieser schrecklichen Wirklichkeit fingen die Heidenchristen an, unsere Erwählung zu verspotten und zu behaupten, Israel sei bestraft und von Gott verlassen worden, es habe seine Erwählung verspielt und sei nicht mehr Gottes Volk, Gott habe Israel verworfen und liebe nun allein die Kirche.

Diese ganze Zeit hindurch schwieg Gott und ließ das alles geschehen. Alle Erwartungen Israels, jetzt werde er eingreifen, jetzt werde er seine Macht demonstrieren und sein Volk beschützen und rechtfertigen, waren vergebens, ähnlich wie die Erwartungen von Lazarus. Es war, wie wenn der himmlische Vater seinen Sohn, der ihn liebte und ihm vertraute, selbst bei der Hand nähme und ihn zum Leiden und zum Opfer führte, genau wie in jenem Beispiel von Vater und Sohn aus der erwähnten Predigt. Die Gnade, die Barmherzigkeit und das Licht des lebendigen Gottes Israels schien er für andere bestimmt zu haben, während das verständnislose, erschütterte Israel durch seine Hand scheinbar in die Dunkelheit geführt wurde. In diesem Sinn erinnert die Geschichte Israels stark an die Geschichte von Lazarus. Wie sich für Lazarus in einem Moment alles unerwartet veränderte und er vom geliebten Freund zu einem von Gott scheinbar abgelehnten und verlassenen Menschen wurde (wenigsten in den Augen der anderen), genauso unerwartet und unbegreiflich änderte sich für Israel alles. Aus dem geliebten und auserwählten Volk wurde (in den Augen der ganzen übrigen Menschheit) plötzlich ein verworfenes Volk von ausgestoßenen.

Glaubte Israel inmitten all dieser unaufhörlichen Leiden und des scheinbaren Schweigens Gottes weiter an seine Liebe? Hielt es daran fest, dass es in seinen Augen für immer das auserwählte Volk blieb? Erinnern Sie sich an den herzzerreißenden Schrei Jeremias: *»Warum stellst du dich …wie ein Held, der nicht helfen kann?«* Der vom Heiligen Geist erfüllte Prophet sagt unmittelbar nachher die erstaunlichen Worte: *»Du bist doch in unsrer Mitte, Herr, und dein Name ist über uns ausgerufen.«*[203] Mit nichts anderem als mit der Gegenwart des wahren Gottes bei seinem Volk, mit dieser Gegenwart, die wirklicher ist als alles Leiden und aller Kummer, lässt sich der lebendige Glaube daran erklären, dass der Herr sogar dann unter uns und mit uns ist, wenn er schweigt. Trotz alldem fuhr Israel fort, den schweigenden Gott zu lieben, der all dieses Leiden zuließ. Es fuhr fort, an seine Liebe zu ihm und an seine Erwählung durch ihn zu glauben.

»Noch zwei Tage«

Dieses *Überzeugtsein von Dingen, die man nicht sieht*, diese vom Herrn selbst in den Herzen Israels bewahrte Gewissheit seiner Erwählung und Liebe gab ihm die Kraft zu überleben und bewahrte Israel als Volk trotz seiner Zerstreuung. Und wenn wir lesen: *»Er blieb noch zwei Tage an dem Ort, wo er sich aufhielt«*, dann können wir nicht umhin, daran zu denken, dass genau zweitausend Jahre vergangen sind, seit Israel, *gefangen* in Krankheit und Leiden, sozusagen in Gefangenschaft geraten ist. Mein Volk lebt seit zwei Jahrtausenden mit der ständigen Anschuldigung, dass Gott nicht zu ihm kommt und es demnach verlassen hat. In der Bibel steht aber, dass *»beim Herrn... tausend Jahre wie ein Tag sind.«*[204] Darum glaube ich von ganzem Herzen, dass die »zwei Tage« der Lazarusgeschichte dem Ende entgegengehen und die Zeit bald kommt, in der der Herr zu den Jüngern sagt: *»Lasst uns wieder nach Judäa gehen.«*[205] Erinnern Sie sich, wie das bei Jesaja steht? *»Horch, deine Wächter erheben die Stimme, sie beginnen alle zu jubeln. Denn sie sehen mit eigenen Augen, wie der Herr nach Zion zurückkehrt.«*[206] Ich habe schon erwähnt, dass eine der für mich qualvollsten und tragischsten Stellen im ganzen Neuen Testament Lukas 4,30 ist, wo beschrieben wird, wie Jeshua von seinen erzürnten Landsleuten weggeht: *»Er aber schritt mitten durch die Menge hindurch und ging weg.«* Wie tröstlich für uns israelische Gläubige tönen da die Worte des Herrn, die er an seine Jünger richtete: *»Lasst uns wieder nach Judäa gehen.«* Nur die *Wächter* Israels, nur die, deren Herzen trauern und deren Seelen vom Schmerz für sein Volk zerrissen sind, nur die, die *vor ihm nicht schweigen* und Tag und Nacht für Israel einstehen: *Herr, siehe, der, den du liebst, ist krank* – nur sie können in vollem Maß die überschäumende Freude dieser Worte verstehen: *»Lasst uns wieder nach Judäa gehen.«* Der Herr kehrt nach Zion zurück!

Zurückgehaltene Liebe

Dieses Buch fing für mich mit der Offenbarung über Lazarus an, und ich dachte ursprünglich, die Geschichte von Lazarus werde das erste Kapitel bilden. Aber Gott hat sich eingeschaltet und mich veranlasst, die Reihenfolge der Kapitel zu ändern, damit die, die schon gelernt haben, den Herrn *in seiner Kammer* zu sehen, verstehen: So schwer diese Tage des Wartens für Lazarus und seine Schwestern auch waren, für Jeshua selbst waren sie unvergleichlich viel schwerer! Wir wissen, dass er Lazarus und die Schwestern liebte. Stellen Sie sich vor, es wird Ihnen mitgeteilt, dass einer Ihrer besten Freunde erkrankt ist und im Sterben liegt. Sie sind nicht bei ihm und haben auch keine Möglichkeit, hinzueilen und ihm zu helfen. Ich bin überzeugt, dass das schwere Tage in Ihrem Leben werden. Auch für Jeshua waren das ohne Zweifel schwere Tage. Und wieder stellen wir uns die Frage: Warum machte er sich nicht unverzüglich auf den Weg? Warum ließ er sowohl Lazarus und die Schwestern als auch sich selbst leiden? Ist nicht er, der allmächtige Gott, frei zu tun, was er will? Konnte nicht er, der Lazarus liebte, ihn von diesen Leiden erlösen? *»Wenn er dem Blinden die Augen geöffnet hat, hätte er dann nicht auch verhindern können, dass dieser hier starb?«*[207]

Im letzten Kapitel haben wir von der zurückgehaltenen Liebe Gottes gesprochen und davon, dass er um seines Planes willen oft gezwungen ist, sich zusammenzunehmen und seine Barmherzigkeit gegen den, den er liebt, zurückzuhalten. Die Geschichte von Lazarus ist eine weitere auserlesene und tiefgründige Illustration dieses geistlichen Prinzips, das wir zu verstehen versuchen. Der Herr *hält seine Liebe* zu Lazarus *zurück.* Er geht nicht zu ihm, damit sein Plan verwirklicht werden kann, damit diese Krankheit wirklich seiner Verherrlichung dient. Wie in der Geschichte von Hiob, wie in der Geschichte von Josef kann auch hier niemand von den Beteiligten den Plan sehen, und niemand versteht den wahren Grund der Geschehnisse und die wahren Gefühle des Herrn. Als Jeshua endlich doch noch kommt, *liegt Lazarus schon vier Tage im Grab.* Maria und Marta, die ihre Enttäuschung kaum verbergen können, begrüßen ihn mit den gleichen Worten: *»Herr, wärst du hier gewesen, dann wäre mein Bruder nicht gestorben.«*[208] Die ganze unaussprechliche Qual der letzten Tage ist in der Bitterkeit dieser wenigen Worte zusammengefasst. Sie sollen nicht vorwurfsvoll tönen, und doch hört man aus ihnen den Vorwurf heraus: Warum, Herr, warum bist du nicht hier gewesen? Warum bist du nicht gekommen? Warum hast du uns in unserer Not allein gelassen? Liebst du ihn etwa nicht?

Aber dann geschieht etwas Unglaubliches. Vor den Augen der Nachbarn, die in diesen Tagen tratschten und klatschten, Jeshua habe aufgehört, Lazarus zu lieben, er habe ihn im Stich gelassen, geschieht etwas, was durchaus nicht ihren Vorstellungen entspricht: *»Da weinte Jesus.«*[209] In Gottes Wort gibt es keine »Unfälle« oder blinden Zufälle. Wenn es dem Heiligen Geist wichtig war, dass die Worte *»und Jesus weinte«* im Bibeltext stehen, so bedeutet das, dass damit dem Leser etwas ganz Wesentliches vermittelt werden soll. Aber was denn? Warum weint der Herr über Lazarus? weiß er etwa nicht, dass schon in wenigen Minuten ein großes Wunder geschehen wird, dass er selbst Lazarus auferwecken wird und Lazarus lebendig aus dem Grab herauskommen wird? Selbstverständlich weiß er das. Warum aber weint er denn?

Der Beweis der Liebe

Das Schönste an diesen Tränen besteht für mich gerade darin, dass sie zu allem, was bisher geschehen ist, im Widerspruch stehen. Sie stimmen weder mit den Urteilen der Nachbarn noch mit den bitteren Verdächtigungen der gekränkten Schwestern überein, und es scheint, dass sie auch der fatalen Verspätung Jeshuas widersprechen. Sie schaffen einen ähnlichen Kontrast zur sichtbaren Wirklichkeit wie Josefs Verhalten *in der Kammer* zu dem, was er mit den Brüdern draußen tat. Es gibt hier sogar Worte, die denen *in der Kammer* gleichen: *»Da wurde Jesus wiederum innerlich erregt und er ging zum Grab.«*[210] Der Herr weint diese Tränen, die uns heutigen Lesern überflüssig vorkommen – denn Lazarus wird ja jetzt gleich auferweckt! –, um uns sein Inneres, sein Herz zu zeigen, nur dazu.

Jeshua führte Lazarus mit eigener Hand durch dieses Leiden. Wenn wir heute durch den biblischen Text Zeugen dieser Tränen sind, erkennen wir, dass Jeshua die ganze Zeit hindurch mit Lazarus gelitten hat. Schon am Anfang erfahren wir (nicht Lazarus), dass *»diese Krankheit nicht zum Tode führt, sondern der Verherrlichung Gottes dient«,* dass Lazarus erwählt ist, um durch sein Leiden den Herrn zu verherrlichen. Demzufolge verstehen wir (und wieder nicht Lazarus) ganz von Anfang an, dass diese Krankheit, dieser Tod Teil seines Planes sind. Dem Autor ist es aber äußerst wichtig zu zeigen, wie schwer das alles für den Herrn selbst war, wie viel Schmerz ihn das Leiden von Lazarus kostete und welche Qual für ihn die Qualen seines Freundes bedeuteten, obwohl er sie selbst für Lazarus so bestimmt hatte. Seine Liebe zu Lazarus war in diesem Moment so deutlich sichtbar, dass auch die Zweifler und Kritiker nur noch eines sagen konnten. Erschüttert bis in die Tiefe ihres Herzens seufzten sie: *»Seht, wie lieb er ihn hatte!«*[211]

Der Weg zur Herrlichkeit

Im Wesentlichen gibt uns das ganze 11. Kapitel des Johannesevangeliums eine zweifache Lektion über Israel. Erstens lehrt uns die Geschichte von Lazarus, dass alles, was mit Israel geschehen ist und geschieht, von Anfang an von Gott geplant war und dass er selbst der Autor unserer Geschichte ist. Die zeitweilige »Verstoßung« durch den Gott Israels ist in Wirklichkeit die Erwählung zum allergrößten Wunder und zur Verherrlichung Gottes: *»Denn jeden, der nach meinem Namen benannt ist, habe ich zu meiner Ehre erschaffen, geformt und gemacht.«*[212] Nur führt unser Weg zu dieser Ehre, gleich wie der Weg von Lazarus, durch Opfer und Leiden. Das ist die objektive Seite seines Plans. Die Heilige Schrift geht aber weiter und zeigt uns die innere, subjektive Seite dieses Plans (wenn man in Bezug auf Gott so sprechen darf): Wir sehen, wie er mit uns zusammen *innerlich erregt* ist, wie viele Tränen, wie viel Schmerz und Leid ihn die Tränen, der Schmerz und das Leid Israels kosten. Der Herr, der sein Volk unendlich liebt, leidet mit uns, obwohl unser Leiden Teil seines Planes für uns ist. Jeshua weint am Grab von Lazarus über den Schmerz, durch den er ihn in den Tagen der Krankheit und des Wartens führen musste. Er weint über die Qual des Nichtverstehens, die Lazarus in den letzten Tagen erfüllt hat, und er weint darüber, dass *»er schon vier Tage im Grab«* gelegen hat. Jeshua weinte über Jerusalem mit den gleichen Tränen der Liebe und des Mitleidens, die er auch über Lazarus vergossen hat. *»Seht, wie lieb er ihn hatte.«* Er weint über das Leiden, durch das Gott sein Volk wird führen müssen, über die Qual des Wartens auf sein Kommen und des Nichtverstehens, warum er schweigt, während die Herzen der Juden in Pogromen, Inquisition und Shoa zerreißen werden. Er weint darüber, dass er nach seinem Plan Israel mit eigener Hand für viele Jahrhunderte in die Dunkelheit der Verstoßung und Krankheit führen muss. Obwohl der Herr weiß, dass Lazarus in wenigen Augenblicken auferstehen wird, weint er an seinem Grab über den Schmerz dessen, den er liebt, und über seinen Weg zu dieser Auferstehung. In genau der gleichen Weise weint er auch über Jerusalem. Obwohl er weiß, dass Jerusalem in wenigen »Augenblicken« (*Bei Gott sind tausend Jahre wie ein Tag*)[213] aus seiner Gefangenschaft herausgeführt werden soll, beweint er das grenzenlose Leiden, durch das seine geliebte Stadt auf dem Weg zur Auferstehung gehen muss.

Wenn Realitäten aufeinander prallen

Wir erinnern uns: *»Glaube aber ist: …Überzeugtsein von Dingen, die man nicht sieht.«* Alles, was wir in der Geschichte von

Lazarus bis zu den Tränen von Jeshua gelesen haben, war der sichtbare Teil von Gottes Plan. Die vorangegangenen Kapitel haben gezeigt, dass der in jedem konkreten Moment sichtbare Teil seines Planes oft im Gegensatz zu dem steht, was Zeugen oder Beteiligte darüber denken, und dass er oft in keiner Weise seinen tatsächlichen Gefühlen entspricht. Am Beispiel der Hauptpersonen verstehen wir, dass alles, was mit ihnen geschah und was auf den ersten Blick unmissverständlich von ihrer Verstoßenheit zeugte, in Wirklichkeit aus der wunderbar zarten und hell leuchtenden Liebe kam, die in diesem Moment einfach nicht zu sehen war.

Wir haben schon darüber gesprochen, dass die Kirche die tragischen, sichtbaren Ereignisse auf unserem irdischen Weg als Beweis ansieht, dass Gott sein Volk verlassen und verworfen hat. Der Glaubensgrundsatz *»überzeugt sein von Dingen, die man nicht sieht«,* dieses Vertrauen auf die unsichtbare Liebe Gottes, hat in der Christenheit gegenüber Israel nicht funktioniert. Dieses Buch soll dazu dienen, dass wir diese unvergängliche, obwohl oft unsichtbare Liebe zu seinem Volk hinter der tragischen sichtbaren Geschichte Israels sehen können. Der Herr möchte, dass die, die es sich gewohnt sind, auf Grund von äußeren Umständen zu urteilen und nur den Becher im Sack oder die ungeheilte Krankheit zu bemerken, seine Tränen der Liebe und des Mitleidens in der Kammer erkennen können. Im Spiegel dieser biblischen Geschichten enthüllt er für uns Dinge, die für die Welt unsichtbar sind.

Wir stehen in der Geschichte von Lazarus an dem Punkt, wo das Unsichtbare zum ersten Mal durch das Sichtbare hindurchzuschimmern beginnt, wo die Erzählung zum ersten Mal von der Ebene der äußeren Ereignisse zu jener der inneren wechselt. Die Worte *»Jeshua weinte«* zeigen, wie ich schon sagte, einen wirklich verblüffenden Kontrast zu allem, was bisher geschehen ist, denn sie tun eine neue, bis jetzt unsichtbare Realität vor uns auf: die Realität von Gottes Herz und Gottes Liebe. Im 38. Vers entdecken wir zum ersten Mal diese zwei miteinander kollidierenden

Realitäten, die äußere und die innere, wobei die innere Realität seiner Liebe zu Lazarus und seiner Trauer um ihn unreal und kraftlos erscheint im Vergleich zu der materiellen und im buchstäblichen Sinn des Wortes äußerst soliden, steinernen, unwiderlegbaren Realität der sichtbaren Tatsachen: *»Es war eine Höhle, die mit einem Stein verschlossen war.«*[214]

Lassen Sie uns hier einen Augenblick verweilen und zurückblicken. Vor wenigen Tagen lebte in Bethanien ein Mensch, von dem alle, er selbst wie auch alle um ihn herum wussten, dass Jeshua ihm sehr nahe war und ihn liebte. Lazarus war dem Herrn nicht nur ein oder zwei Mal begegnet. Oft hatte er seinen Predigten zugehört und war zweifellos einer von denen, die Jeshua zu seinen Jüngern zählte. Er liebte Jeshua von ganzem Herzen, war ihm treu ergeben und zweifelte nicht daran, dass er geliebt werde. Darum machte er sich anfänglich keine Sorgen, als er krank wurde. Er war absolut sicher, dass Jeshua ihn nicht im Stich lassen werde und er keine Angst zu haben brauchte. Doch alles kam völlig anders heraus, als er erwartete hatte. Jeshua kam einfach nicht. Die Krankheitstage wurden nicht nur zu einer Zeit körperlichen Leidens, sondern auch zu einer Zeit unglaublichen Schmerzes über die Verlassenheit und die quälende Frage, warum denn der Herr nicht komme, warum seine Beziehung zu ihm sich so verändert habe: *»Das ist mein Schmerz, dass die Rechte des Höchsten so anders handelt.«*[215] Die Qual der Gottverlassenheit war bitterer und unerträglicher als alle körperlichen Leiden, und ich schließe nicht aus, dass Lazarus gerade darum am Schluss zu kämpfen aufhörte. Ein Leben ohne Jeshuas Liebe schien ihm völlig sinnlos zu sein, und er hörte einfach auf, sich daran festzuklammern. Er ließ los und fiel in den Abgrund des Todes. Lazarus starb trotz seiner Hoffnungen und Erwartungen, trotz des Glaubens der Schwestern, die bis zur letzten Minute auf Jeshua gewartete hatten. Er wurde ins Grab gelegt, das mit einem Stein verschlossen wurde. Und nun, da Jeshua am Grab steht, treffen die beiden Realitäten – die innere und die äußere, die unsichtbare und die sichtbare, Gottes Realität und die menschliche – als scheinbar unüberwindbare Gegensätze aufeinander. In Gottes unsichtbarer Realität ist Lazarus der Auserwählte und Geliebte, doch hier, in der sichtbaren, menschlichen Realität ist er der von Gott Verlassene und Verworfene, ja mehr noch – er ist tot.

Zusammen mit Jeshua kommen wir nun zu dem spannendsten Teil in unserer Geschichte, in dem Gottes Realität zum ersten Mal sichtbar wird – oder umgekehrt, in dem die sichtbare Realität sich unter seiner Berührung verwandelt und zum ersten Mal mit Gottes Realität übereinzustimmen beginnt. Merken wir uns: Den ersten Schritt auf dem Weg zur Verwandlung der äußeren Realität in Gottes Realität müssen wir selbst tun: *»Nehmt den Stein weg!«*, sagt Jeshua zu den Schwestern. Marta antwortet erstaunt und verlegen: *»Herr, er riecht aber schon, denn es ist bereits der vierte Tag.«* Wozu denn das noch, will sie damit sagen. Warum verlangt er das von ihnen? Will er zum Leid über den Verlust des Bruders und zur Bitterkeit über die Verlassenheit auch noch die Schande des Verwesungsgeruchs hinzufügen? Ja, wie oft sind auch wir nicht bereit und schämen uns, den Herrn dorthin zu lassen, wo es *stinkt*. Doch *»Glaube ist: ...Überzeugtsein von Dingen, die man nicht sieht«*, und zu einem solchen Glauben ruft Jeshua die Schwestern auf: *»Habe ich dir nicht gesagt: Wenn du glaubst, wirst du die Herrlichkeit Gottes sehen?«*[216] Das ist ein geistliches Gesetz: Solange wir uns nicht selbst überwinden und den Stein nicht wegwälzen, wird das Wunder der Auferstehung nicht geschehen. Erst als die Schwestern im Glauben *den Stein wegnahmen* und der herauswehende Verwesungsgeruch überzeugender als alle Worte das Unwiderrufliche bekräftigte, fühlten sie stärker als jemals zuvor die eigene Machtlosigkeit vor der unumstößlichen Realität. Aber erst dann konnte Jeshua das Wunder vollbringen. Erst dann *»rief er mit lauter Stimme: Lazarus, komm heraus!«*

Der Herr, *»der die Toten lebendig macht und das, was nicht ist, ins Dasein ruft«*,[217] hat den gerufen, der tot war, hat ihn beim Namen genannt und ihn lebendig gemacht. Wissen Sie, dass nur Gott im wahrsten Sinn des Wortes *lebendig* machen kann: Leben hervorrufen, Leben geben, Leben wiederbringen? Nur Gott kann auferwecken, und in jenen Fällen, in denen es Gläubige in seinem Namen tun, besteht ein riesiger Unterschied zwischen dem, wie es Menschen tun, und dem, wie es Gott tut. Lesen Sie zum Beispiel, wie der Prophet Elisa einen Knaben auferweckt. Er betet, er wärmt ihn, er schmiegt sich an seinen Körper und streckt sich auf ihm aus, betet nochmals, und dann antwortet ihm der Herr und der Knabe wird lebendig[218]. Gott aber gibt Leben auf die gleiche Art, wie er bei der Schöpfung gewirkt hat – mit der ganzen Autorität seines Wortes: *»Gott sprach: Es werde Licht. Und es wurde Licht.«*[219] In allen biblischen Geschichten, in denen Jeshua Tote auferweckt, spricht er einfach: *»Talitha kumi!«*[220] (Mädchen, steh auf!) – *»Lazarus, komm heraus!« – »Jüngling, ich sage dir, steh auf!«*[221] und die Leben schaffende Kraft seines Wortes weckt die Toten auf. So bringt auch Jeshua mit einem Wort Lazarus ins Leben zurück: *»Da kam der Verstorbene heraus.«*

Wozu war das alles nötig?

Jetzt lebt Lazarus also wieder. Der Widerspruch zwischen der unsichtbaren Realität Gottes und der sichtbaren menschlichen Realität existiert nicht mehr: Lazarus lebt, und das nicht nur in der geistlichen Dimension, sondern auch in dieser sichtbaren Welt, und allen Umstehenden ist klar, dass er vom Herrn geliebt und auserwählt ist. Nun, da das Wunder geschehen ist, wollen wir versuchen, die wichtigste Frage dieser Geschichte zu beantworten: Wozu waren denn Krankheit und Sterben von Lazarus notwendig? All die Tage des vergeblichen Wartens auf Jeshua dachten die Bewohner von Bethanien, er liebe Lazarus nicht mehr. Als sie dann aber Jeshuas Tränen sahen, verstanden viele, dass er Lazarus nicht verlassen und verworfen hatte, sondern ihn liebte. Doch als der Herr Lazarus auferweckte, wurde seine Liebe, seine ganz besondere Beziehung zu ihm offensichtlich und für alle erkennbar. Warum, wenn der Herr keinen Augenblick aufgehört hatte ihn zu lieben, warum musste Lazarus trotzdem leiden und sterben? *»Wenn er dem Blinden die Augen geöffnet hat, hätte er dann nicht auch verhindern können, dass dieser hier starb?«*[222]

Es gibt in der Thora eine bemerkenswerte Stelle, die mir der Herr gerade in Bezug auf unser zentrales Thema, die zurückgehaltene Liebe Gottes, gezeigt hat. Im 21. Kapitel des 3. Buches Mose, in dem beschrieben ist, was die Priester und der Hohepriester zu tun und zu lassen haben, steht unter anderem: *»Der Priester, der unter seinen Brüdern den höchsten Rang einnimmt, auf dessen Haupt das Salböl ausgegossen wurde und der durch das Anlegen der heiligen Gewänder eingesetzt ist, soll sein Haar nicht lose herunterhängen lassen, seine Kleider nicht zerreißen, sich an keinem Leichnam verunreinigen, auch nicht, wenn es sich um Vater oder Mutter handelt.«*[223] Verstehen Sie? Der Hohepriester, der berufen ist, Gott zu vertreten und seinen Charakter darzustellen, muss seine Liebe, seinen Kummer und sein Mitleid zurückhalten und seine Arbeit auch dann tun, wenn die Angelegenheit ihn persönlich und seine Allernächsten betrifft. Gott zeigt sich auf diesen Seiten als einer, der seine Liebe und sein Mitleid zu denen, die er so sehr liebt, zurückhält und mit blutendem Herzen und verhaltenen Tränen fortfährt, seinen Plan zu erfüllen. Wenn etwas in diesem Kapitel noch nicht gesagt ist, dann ist es vor allem die Antwort auf die Frage nach Gottes Plan: Worin besteht denn sein Plan mit Israel? Was zeigt er uns hier anhand seines Planes mit Lazarus? Weshalb musste Lazarus leiden und sterben? Um wessentwillen geschieht all das, was mit Israel geschieht?

Ich weiß nicht, ob Ihnen aufgefallen ist, dass wir bei der Frage nach dem Sinn des Leidens von Lazarus nacheinander zwei völlig verschiedene Fragen formuliert haben, die auf den ersten Blick beinahe identisch sind: Warum musste Lazarus sterben? Und: Wozu dienten Krankheit und Tod von Lazarus? Aus der Hiobgeschichte habe ich gelernt, dass es in Hiobs Leiden, wie im menschlichen Leiden so oft, keine Antwort auf die Frage gibt: Womit hat er das verdient? So gibt es auch im Leiden von Lazarus keine Antwort auf die Frage »warum?«. Damals zeigte mir der Herr, dass die richtige Frage bei jedem Leiden nicht »warum?« sondern »wozu?« lautet. In Johannes Kapitel 11 setzt sich die Antwort auf diese Frage aus mehreren Versen zusammen. Bevor sich Jeshua mit seinen Jüngern auf den Weg nach Judäa macht, sagt er zu ihnen: *»Und ich freue mich für euch, dass ich nicht dort war, denn ich will, dass ihr glaubt.«*[224] *Ich war nicht dort, damit ihr glaubt!* Die Jünger haben dort noch keine Ahnung, was der Herr zu tun gedenkt, und trotzdem wird jetzt schon klar, dass die Abwesenheit Jeshuas am Krankenbett von Lazarus auf geheimnisvolle Art die Gelegenheit schaffen soll, dass jemand zum Glauben kommt. Dieser Gedanke wird noch fortgeführt. Als der Herr, unmittelbar bevor er Lazarus auferweckt, an seinem Grab betet, wird klar, dass alles, was sich abspielt, *»wegen der Menge, die um mich herum steht«,* geschieht. *»Denn sie sollen glauben, dass du mich gesandt hast.«*[225] Unter dem *Volk*, das an jenem Tag am Grab von Lazarus versammelt war, gab es sicher viele, die erst kürzlich den Schwestern erklärt hatten, welche Sünden und Probleme für die Krankheit und den Tod von Lazarus verantwortlich waren. Und dann kam der Herr, der allein wusste, dass diese Krankheit zur *»Verherrlichung Gottes dient«*, und es zeigte sich, dass alle Geschehnisse in Wirklichkeit seinem Plan entsprachen, der in erster Linie den umherstehenden Menschen diente, *damit sie glauben.*

Ich zweifle nicht daran, dass Krankheit, Tod und Auferstehung auch Lazarus veränderten und er nicht nur körperlich erneuert aus dem Grab herauskam. Doch davon wird im ganzen Kapitel nicht gesprochen. Der Autor unterstreicht nachdrücklich und unermüdlich den für ihn sehr wichtigen Umstand, dass diese Geschichte notwendig ist, damit *viele* glauben: *»Viele der Juden, die zu Maria gekommen waren und gesehen hatten, was Jesus getan hatte, kamen zum Glauben an ihn«.*[226] Auch im nächsten Kapitel wird erwähnt, dass *»viele Juden … kamen … um auch Lazarus zu sehen, den er von den Toten auferweckt hatte«*[227]. Noch einmal: Ich zweifle nicht daran, dass Lazarus als ein völlig anderer

Mensch aus dem Grab gestiegen ist, dass diese Geschichte auch in seinem Herzen Frucht getragen hat. Trotzdem waren Leiden, Warten, Tod und Auferstehung *um des Volkes willen* geschehen, für jene, die Zeugen dieses Wunders waren oder später davon hörten. Hiob musste leiden, *damit* sein eigenes Herz wiedergeboren werden konnte. Das Leiden von Lazarus wurde von Gott zugelassen, *damit* sich die Herzen der anderen verändern konnten.

Zugunsten vieler

Hier kehre ich wieder zu Israel zurück, denn der Herr hat diese zwei Berichte nicht zufällig vor meinem inneren Auge zu einem geistigen Ganzen vereint. Wie in der Geschichte von Lazarus ist alles, was mit Israel geschehen ist und geschieht, in erster Linie für die andern, *für die Völker,* damit die Völker dieser Welt, die einst von Gottes Reichtum getrennt waren, zu Teilhabern dieses Reichtums werden können. *»Gott hat alle in den Ungehorsam eingeschlossen, um sich aller zu erbarmen.«*[228] Das Wort *»eingeschlossen«* beschreibt die Geschehnisse mit Israel in treffender Weise. Seit dem Augenblick, da das Evangelium die Heiden zu erreichen begann, führt der himmlische Vater Israel, seinen Erstgeborenen, mit eigener Hand in die Höhle, ins Grab, und *schließt* es dort *ein*, um jene lebendig zu machen, *»die tot waren infolge ihrer Sünde.«*[229] So wie Isaak auf den Altar gebunden wurde, ist Israel in den Tod eingeschlossen, damit die Heiden das Leben erhalten können. Genau das hat Paulus vor Augen, wenn er im Römerbrief von den Israeliten spricht. Er erklärt, dass die Heiden einst Gott ungehorsam waren, *»jetzt aber infolge ihres* (Israels) *Ungehorsams Erbarmen gefunden«*[230] haben.

Ich wende mich heute an Sie als wahre Gläubige an Jesus, die den Reichtum seiner Herrlichkeit kennen, die Gott schon *»aus der Finsternis in sein wunderbares Licht«*[231] gerufen hat. Denken Sie an das Leiden derer, die aus dem Licht in die Finsternis geführt und in den Tod eingeschlossen worden sind. Und denken Sie daran, dass sie in Finsternis und Tod eingeschlossen sind, damit Sie im Licht sein können, damit Sie leben können. Das gleiche Geheimnis der Liebe Gottes, die mit dem menschlichen Verstand nicht zu fassen ist, der Liebe Gottes, die um seines Planes willen zurückgehalten wird wie in der Geschichte von Lazarus, offenbart sich uns in den erschütternden Worten von Paulus: *»Vom Evangelium her gesehen sind sie Feinde Gottes, und das um euretwillen; von ihrer Erwählung her gesehen sind sie von Gott geliebt, und das um der Väter willen.«*[232] Jeshua liebte Lazarus, sein Herz war von Schmerz und Mitleid zerrissen, aber um *vieler* willen, um *des Volkes* willen führte er ihn durch Leiden und Tod. Der gleiche Herr hält seine Liebe zu Israel zurück und beherrscht seine Tränen und seinen Schmerz. Er hat seine *Geliebten zu Feinden gemacht* und sie in Leiden und Tod eingeschlossen – um vieler willen, um der Völker willen, *um euretwillen.*

Warum musste der Plan Gottes mit Israel ausgerechnet so aussehen? Was konnte den allmächtigen Gott zwingen, *»seinen Herzensliebling in die Hand seiner Feinde preiszugeben?«*[233] Es kann doch nicht sein, dass der allmächtige Schöpfer des Weltalls seinen Willen nicht durchzusetzen und seinen Plan nicht zu verwirklichen vermag, ohne dabei sein Volk zum Leiden zu verdammen? Eine ganz ähnliche Frage wird uns oft von Ungläubigen gestellt: Konnte Gott nicht ohne das blutige Opfer auf Golgatha auskommen? Warum musste Jeshua sterben? Konnte der allmächtige Gott seinen Plan nicht ohne den Tod seines Sohnes ausführen? Warum musste Jeshua leiden? Warum muss Israel leiden?

Wir können diese Frage nur annähernd beantworten, denn es gibt nichts Aussichtsloseres als den Versuch, Gottes Pläne und Gefühle in menschliche Fragen und Antworten zu fassen. Im Krieg gibt es Situationen, in denen der Befehlshaber seine Leute für eine Aufgabe einsetzen muss, die äußerst schwierig und gefährlich, ja beinahe unerfüllbar ist. Da es ihm nicht erlaubt ist, selbst zu gehen, kann er aus moralischen Überlegungen nur jemand senden, der ihm besonders lieb und wertvoll ist. Sein Herz geht mit ihm, und das ist fast so, wie wenn er selbst gehen würde. Ungefähr so verhält es sich mit dem Herrn. Ohne Opfer und Blut ist Gottes Erlösung einfach undenkbar. Doch zu diesem blutigen Opfer kann er nur den schicken, der ihm unendlich lieb und teuer ist, den er seinen Sohn genannt hat. Das trifft auf Jeshua zu, und es trifft auch auf Israel zu. Obwohl niemand von uns die unermessliche Größe dieses Opfers fassen, diesen schrecklichen Preis begreifen kann, liegt dem Herrn viel daran, dass wenigstens die, die ihn lieben, von seinem Schmerz, von seiner am Opferaltar zurückgehaltenen Liebe wissen. Es ist ihm wichtig, dass wir wissen, dass er *innerlich erregt ist,* dass er *in seiner Kammer* weint, dass er weint, obwohl die Stunde der Auferstehung näher kommt.

Nehmt den Stein weg

Ich will dieses Kapitel mit einer kleinen Erzählung abschließen. Vor einigen Tagen führten wir unseren Sohn zum ersten Mal an die Klagemauer. Er hatte lange auf diesen Moment gewartet und war nun sehr aufgeregt. Den ganzen Weg die Altstadtmauer entlang zeigte er immer wieder auf die Mauer und fragte unaufhörlich: »Sind wir schon da? Ist das schon die Kotel (Klagemauer)?« Als wir dann alle Kontrollen hinter uns hatten und uns durch die enge Schranke des Sicherheitsdienstes gedrängt hatten, standen wir endlich auf dem Platz vor der Klagemauer. Und nun hörte ich anstelle der erwarteten Begeisterung einen enttäuschten Seufzer: »Was? Ist das nun die Kotel? Dieses winzige Ding?«

Ich kann Ihnen nicht sagen, was diese Worte in mir auslösten, was ich in diesem Moment fühlte. Mein Mann ging mit unserem Sohn zum Männerabschnitt der Mauer, aber ich rührte mich nicht von der Stelle. Während ich vor diesem »winzigen Ding«, der Kotel, stand, hatte ich das deutliche Gefühl, ich werde sozusagen in die Luft gehoben und könne alles von oben sehen. Ich sah diesen Platz, der wie eine Sackgasse an der Mauer endete, und darauf die Menschenmenge. Die massive, hohe Mauer trennte die Männer und Frauen vom Tempelberg mit all dem Heiligen, das dieser Berg verkörpert, die Opferung Isaaks eingeschlossen. Es sah aus, als hämmerten die Menschen mit Fäusten gegen diese Trennwand und suchten sich vergeblich einen Weg in die Freiheit zu erkämpfen. Langsam, wie im Traum, ging ich zur Mauer, berührte die Steine und verstand, dass ich mit meinen leiblichen Augen die geistliche Realität gesehen hatte, die uns der Herr in diesem Kapitel zeigt: Gott selbst hat Israel im Leiden *eingeschlossen*. Er selbst hat die Öffnung mit einem Stein verschlossen, so wie ein Stein den Zugang zum Grab des Lazarus versperrte. *»Es war eine Höhle, die mit einem Stein verschlossen war.«* Und alles, was uns bleibt, ist an diese Steine zu schlagen, zu beten und zu glauben, dass der, welcher uns mit dem Stein eingeschlossen hat, unsere Gebete hört.

Wenn ich das sage, möchte ich äußerst vorsichtig sein. Es gibt viele Menschen, die sich als Christen betrachten und diese Zeilen mit großer Genugtuung lesen werden. »Ja«, werden sie sagen, »wir wissen auch, dass Israel in der Sackgasse ist, dass es leidet und sich gegen die toten Steine der Kotel wirft, während Jesus uns ins Leben und in die Freiheit geführt hat…« Verwechseln Sie mich nicht mit diesen Menschen! Ich sage es wieder und wieder: Es handelt sich hier nicht um eine Strafe, so wie die Krankheit für Lazarus keine Strafe war. Es geht um unsere Erwählung, die voller Schmerz, Opfer, Einsamkeit und Tränen ist. Aber es sind nicht nur unsere Tränen – es sind gleichzeitig Gottes Tränen, Tränen seiner Liebe und seines Mitleidens, die er uns in diesem Buch immer wieder zeigt. Doch zum Glück, wie auch in der Geschichte von Lazarus, führt *diese Krankheit nicht zum Tode, sondern dient zur Verherrlichung Gottes. »Nehmt den Stein weg«,* sagt der Herr, und jener tote Stein, der, wie es schien, nur dazu taugte, um zu verbergen, zu verschließen, zu versperren, erweist sich plötzlich als Anfang, Ausgang, Geburtsöffnung, aus der neues Leben hervorbricht. *»Nehmt den Stein weg«,* wird denen gesagt, die wie die Schwestern von Lazarus im Gebet, in der Hoffnung und der Erwartung leben, dass er zu denen kommt, die er liebt. *»Bahnt* *dem Volk einen Weg!«*[234] Unsere Erwählung ist die von Lazarus, und wie in der Geschichte von Lazarus wird der Stein weggewälzt und *»lebendiges Wasser wird aus Jerusalem fließen«.*[235] große Freude und ein großes Wunder erwarten den, den er mit eigener Hand durch Krankheit und Leiden führte: *»Wenn ich eure Gräber öffne und euch, mein Volk, aus euren Gräbern heraufhole, dann werdet ihr erkennen, dass ich der Herr bin.«*[236]

Ohne diese Auferweckung ist Gottes Plan nicht vollendet, und solange er nicht vollendet ist, bleibt er unsichtbar. Doch gerade dann, wenn es scheint, dass alles zu Ende ist, gerade dann beginnt der packendste, der beste und wunderbarste Teil unserer ganzen Geschichte. Jener Teil, in dem das *Überzeugtsein von Dingen, die man nicht sieht*, vollendet und belohnt wird mit der *Verwirklichung des Erwarteten.* Das Unsichtbare wird sichtbar. Jeshua kommt zu Lazarus. Er kommt, um zu rechtfertigen, zu heilen, zu erwecken. Er kommt, um das Gefängnis der Dunkelheit und des Todes aufzutun, in welchem Lazarus nach seinem Plan um anderer willen eingeschlossen war. Er kommt, um zu sagen: *Lazarus, komm heraus!* Genau so wird er sich nicht länger zurückhalten – (להתאפק ולא־יכל) – und zu Israel kommen, wenn die festgelegte Zeit erfüllt ist: *»Freut euch mit Jerusalem! Jubelt in der Stadt, alle, die ihr sie liebt. Seid fröhlich mit ihr, alle, die ihr über sie traurig wart.«*[237] Er kommt, um den zu rechtfertigen, der so lange verleumdet worden ist: *»...alle, die dich verachtet haben, werfen sich dir zu Füssen«*[238]. Er kommt, um unsere Wunden zu heilen: *»Denn er hat (Wunden) gerissen, er wird uns auch heilen; er hat verwundet, er wird auch verbinden.«*[239] Er kommt, um das Gefängnis der Dunkelheit und des Todes zu öffnen, um Israel aus der Haft zu entlassen, es aus der Finsternis und dem Leiden herauszuführen, in die es nach Gottes Plan eingeschlossen war: *»...den Gefangenen zu sagen: Kommt heraus! und denen, die in der Finsternis sind: Kommt ans Licht!«*[240] Er kommt, um zu erwecken und lebendig zu machen: *»Nach zwei Tagen gibt er uns das Leben zurück, am dritten Tag richtet er uns wieder auf und wir leben vor seinem Angesicht.«*[241] Der über den Leiden Jerusalems weinende

Herr kommt zu ihm, um das Unsichtbare sichtbar zu machen, um seine so lange zurückgehaltene Liebe auf den auszugießen, den man für verworfen und verlassen gehalten hat, und um auf ewig bei seinem Geliebten zu bleiben: *»Und der Name der Stadt soll von heute an sein: Hier ist der Herr.«*[242]

Kapitel 4

»Gott wird sich das Opferlamm aussuchen.«

1 Mose 22,8

»Wir meinten, er sei von Gott geschlagen,
von ihm getroffen und gebeugt.
Doch er wurde durchbohrt wegen unserer
Verbrechen, wegen unserer Sünden zermalmt.«

Jesaja 53,4.5

»Würdig ist das Lamm, das geschlachtet wurde, Macht zu empfangen, Reichtum und Weisheit, Kraft und Ehre, Herrlichkeit und Lob.«[243] Wer von denen, die an Jeshua glauben, hat diese Worte aus der Offenbarung, die als Grundlage vieler Lieder und Hymnen in unseren Gemeinden dienen, nicht schon gesungen? Das Bild des Lammes ist seit dem ersten Jahrhundert zu einem der zentralen Bilder und Symbole des Christentums geworden. Wissen Sie aber, dass es im Neuen Testament, die Offenbarung nicht mitgerechnet, nur eine Stelle gibt (genauer zwei, doch sie befinden sich im gleichen Kapitel und im gleichen Kontext), in der Jeshua als Lamm bezeichnet wird? Nur im ersten Kapitel des Johannesevangeliums legt der Heilige Geist den wahrlich verblüffenden, ja beinahe unerklärlichen Ausruf in den Mund Johannes des Täufers: *»Siehe, das ist Gottes Lamm, welches der Welt Sünde trägt!«* Ein wenig später wiederholt er seine Ankündigung: *»Siehe, das ist Gottes Lamm.«*[244] In einem einzigen Kapitel bis hin zur Offenbarung, sonst nirgends! Die Tatsache, dass das Lamm in keinem anderen Evangelium, überhaupt in keinem anderen Buch des Neuen Testaments vorkommt, wirft viele Fragen auf, wenigsten bei mir: Woher kommt dieses Bild für Jeshua? Was legte Johannes der Täufer in diese Worte hinein? Wie verstanden die dabeistehenden Israeliten diese Worte? Und schließlich: Warum braucht kein anderer Evangelist den Ausdruck *»Lamm«* für Jeshua?

Es gibt nur eine glaubwürdige Adresse, an die wir uns auf der Suche nach Antworten auf diese Fragen wenden können: natürlich den Tenach (das Alte Testament). Darum wollen wir jetzt in dieses Zwiegespräch Gottes mit Israel über das Lamm hineinhören, das mit kaum wahrzunehmendem Flüstern aus der Tiefe unserer Geschichte, aus der Tiefe unserer Beziehungen mit ihm herauftönt. Gott sagt nie etwas einfach nur so, und es ist klar, dass sich dieses Bild, das sich in Gottes Geheimnissen zuerst als kaum bemerkbare, ganz feine geistliche Linie abzeichnete, mit der Zeit verwirklichen und verkörpern musste. Es musste mit Fleisch und Blut bedeckt, mit Sinn und Inhalt gefüllt werden. Wir werden aber nicht verstehen können, auf welche Art dieses Bild in Gottes Plan verwirklicht wird, wenn wir nicht die mit tiefstem Sinn erfüllten geistlichen Linien begreifen, mit denen es ursprünglich skizziert wurde.

Das Akeda-Lamm

Ich denke, Sie werden erstaunt sein, wenn Sie entdecken, dass das Wort *Lamm* auch im Tenach nur einige wenige Male vorkommt und die meisten anderen Erwähnungen des Lammes in der Bibel in direkter Beziehung zu unserem heutigen Gespräch stehen (mit Ausnahme des siebten Kapitels im 4. Buch Mose, wo das einjährige Lamm mehrere Male als Teil des Brandopfers erwähnt ist). Es ist nicht schwer zu erraten, wo wir dem Wort *Lamm* im Tenach zum ersten Mal begegnen – natürlich in der *Akeda*! Als Isaak von seinem Vater auf den Berg hinaufgeführt wird, fragt er: *»Hier ist Feuer und Holz. Wo aber ist das* ***Lamm*** *für das Brandopfer?«* Dieses Gespräch zwischen Abraham und Isaak ist, wie auch die ganze Geschichte Akeda, kein bloßes Geplauder, sondern von größter Bedeutung für die Bestimmung unseres Volkes und für das Schicksal der ganzen Menschheit. Halten Sie einen Augenblick inne, hören Sie hin: Töne werden hier geformt, an diesem Kreuzungspunkt im Zeitenlauf, die für unsere Melodie ausschlaggebend sind. Ein Wort wird ausgesprochen, eine Frage wird gestellt. Der Eingangsakkord, der sich noch zu einem selbstständigen Thema in der geistlichen Geschichte Israels entwickeln muss, fängt unsicher und zaghaft zu tönen an. Die Geschichte vom *Lamm* aus der Offenbarung, *das gleichsam geschlachtet* ist, beginnt hier mit dieser vertrauensvollen, arglosen, fast naiven Frage Isaaks: *»Wo ist denn das* ***Lamm*** *für das Brandopfer?«* Und Abrahams Antwort verblüfft durch ihre Tiefe und ihren prophetischen Sinn: *»Gott wird sich das Opferlamm aussuchen, mein Sohn.«* Wenn wir von unserem Heute aus auf den Hügel von Golgatha zurückschauen, der sich neben dem Berg Morija am Horizont abzeichnet, erkennen wir zwei einsame Höhen, zwei Berge, die sich deutlich vor dem Hintergrund des von Schrecken verdunkelten Himmels abheben: Auf dem einen erhebt der Vater, der dazu berufen ist, Vater vieler Völker zu werden, das Messer über seinem einzigen Sohn, in dem er die Verheißung unzählbarer Nachkommenschaft erhalten hat. Auf dem andern wird der Sohn mit der vollen Einwilligung seines Vaters an ein Kreuz geschlagen, damit die ganze Menschheit Erlösung erhalten kann. Rückblickend können wir sagen, dass Gott wirklich ein Lamm ausgewählt hat und dass in diesem Sinn das prophetische Wort und die prophetische Szene auf dem Berg Morija ihre Erfüllung gefunden haben.

Genau das wird traditionellerweise aus dieser Geschichte herausgelesen, jene bedeutungsvolle Schicht, die Gott schon offen gelegt und entschlüsselt hat. Heute will ich aber demütig um seine Hilfe bitten, um tiefer in die Geschichte einzudringen und das zu sehen, was noch nicht offenbart ist, was bis vor kurzem noch *verborgen war und noch Gott gehörte.*[245] Darum wollen wir Abrahams Antwort im Original lesen. Im Hebräischen tönen diese Worte noch bedeutungsvoller und noch eindeutiger: אלוהים יראה־לו השה לעלה בני. Traditionell wird in diesem Satz das Komma vor das Wort בני (mein Sohn) gesetzt. Im originalen hebräischen Text des Tenach gibt es jedoch keine Satzzeichen. Darum ist es völlig zulässig, diesen Satz anders aufzuteilen als in der russischen und deutschen Übersetzung und damit einen völlig anderen Text zu erhalten: אלוהים יראה־לו...השה לעלה בני.

Gott wird … aussuchen

In der deutschen Übersetzung tönt das etwa folgendermaßen: *Gott wird (sich) aussuchen; das Lamm für das Brandopfer ist mein Sohn.* Natürlich ist uns die Variante der Antwort, die wir in der deutschen Bibel aus Abrahams Mund hören, geläufiger. Deshalb scheint sie uns auch besser fundiert. Ich sage es darum noch einmal: Im hebräischen Original gibt es überhaupt nichts, was uns vorschreiben würde, diese oder eine andere Lesart vorzuziehen. Wer kann also die Gewähr übernehmen, dass der Heilige Geist genau die Variante in Abrahams Mund gelegt hat, die wir aus unseren Übersetzungen gewöhnt sind? Mir scheint der Umstand, dass Abraham jenen Ort *»Jahwe-Ire«*[246] nannte – יהוה יראה *(der Herr sieht)* – schon für sich allein ein ziemlich gewichtiges Argument zugunsten einer anderen Aufteilung zu sein, zugunsten der Meinung, dass dieser Satz für Gott aus zwei Teilen, aus zwei wichtigen Aussagen bestand: אלוהים יראה־לו (Gott wird sich aussuchen) und השה לעלה בני (Das Lamm für das Brandopfer ist mein Sohn).

Natürlich kann man auch diesen neuen Text auf zweifache Weise lesen. Man kann davon ausgehen, dass sich der zweite Teil ausschließlich auf Abraham bezieht, der Isaak zu verstehen gibt, welche Rolle er in diesem Brandopfer einnehmen wird: *Gott wird (sich) aussuchen; doch für dieses Brandopfer wirst du, mein Sohn* (sagt Abraham), *das Lamm sein.*
Mir scheint allerdings, dass man dort noch tiefer graben muss. Nicht nur intellektuell, sondern mit meinem ganzen inneren Wesen spüre ich, dass wir bei den Worten השה לעלה בני (das Lamm für das Brandopfer ist mein Sohn) ein großes Geheimnis Gottes berühren. Das in diesen Worten **eingeschlossene**, sozusagen eingenistete Geheimnis ist im allgemeinen Text wie versteckt und versiegelt. Doch nun, da wir es entsiegeln, es ans Licht bringen, ist es wie ein zitternder Vogel, den man, bevor man ihn in die Freiheit entlassen kann, mit beiden Händen packen und aus seinem Käfig herausnehmen muss. Er lebt, er bebt, man möchte

ihn anrühren, aber nicht erschrecken. So wollen wir diese Worte zusammen anrühren, dieses Geheimnis sachte berühren. Die große, bis dahin noch unfassbare Offenbarung der Gottessohnschaft bebt nun in Ihrer Hand. Sehr vieles in Israels Geschichte und Bestimmung wird verständlicher, wenn Sie hören können, was Gott der Vater durch Abrahams Worte sagt: ***Das Lamm für das Brandopfer ist mein Sohn.*** Der, den Gott seinen Sohn genannt hat, ist dazu bestimmt, das Lamm zu werden. Diesen Satz kann man dann so lesen: **Gott wird sich seinen Sohn als Lamm aussuchen.** Verstehen Sie? Jener, den Gott seinen Sohn nennt, ist dazu vorbestimmt, das Lamm zu werden. השה לעלה בני: **Das Lamm für das Brandopfer ist mein Sohn.** In dieser Lesart ist die Akeda nur eine Illustration dieses in den Worten Abrahams verborgenen Geheimnisses Gottes. Sie ist auch eine perfekte Illustration zu diesem Buch, in dem ich unter Gottes Leitung versuche, dieses große Geheimnis anzurühren und zu entsiegeln: das Geheimnis von Gottes Liebe, das Geheimnis der Sohnschaft. ***»Gott wird sich ein Lamm für das Brandopfer aussuchen. Gott wird sich als Lamm seinen Sohn aussuchen.«*** השה לעלה בני

Das Passahlamm

Das nächste Mal treffen wir das Lamm im 2. Buch Mose (Shemot), im 12. Kapitel, im Bericht vom Auszug aus Ägypten. Auch diese Geschichte ist mit unserem Zwiegespräch eng verbunden. Wie die *Akeda* nimmt auch das Pessach (Passah) einen ganz besonderen Platz sowohl in Gottes Plan mit Israel als auch in Gottes Plan mit Jeshua ein. Wenn wir dieses Kapitel von Anfang an lesen, treffen wir wieder ein Lamm an. Das Lamm, das in der Nacht des Auszugs geschlachtet wurde, musste vier Tage vorher abgesondert werden.

»Am zehnten Tage dieses Monats soll jeder ein Lamm
für seine Familie holen, ein Lamm für jedes Haus…
Nur ein fehlerfreies, männliches, einjähriges Tier darf es sein…

Ihr sollt es bis zum vierzehnten Tag dieses Monats aufbewahren. Gegen Abend soll die ganze versammelte Gemeinde Israel die Lämmer schlachten. Man nehme etwas von dem Blut und bestreiche beide Türpfosten und den Türsturz an den Häusern, in denen man das Lamm essen will.«[247]

Diese Stelle ist für alle, die an Gottes Wort glauben, zweifellos eine der zentralen im Tenach, denn von hier stammt das Bild des **geschlachteten Lammes als Grundlage der Rettung.** Das geschlachtete Lamm, mit dessen Blut die Türpfosten bestrichen wurden, ist das Symbol, das Pfand und die Grundlage für die Befreiung Israels aus Ägypten. *»Ein Lamm, wie geschlachtet«*[248], mit dessen Blut die Herzen derer bestrichen werden, die sein Opfer annehmen, ist das Symbol, das Pfand und die Grundlage der Erlösung, die Jeshua in diese Welt gebracht hat. Wenn wir die ersten Verse von 2. Mose 12 noch einmal durchlesen und sie mit den Berichten über die letzten Tage und Stunden Jeshuas an jenem Pessachfest vergleichen, so stellen wir fest: Alles, was mit Jeshua geschah (der, wie Johannes der Täufer gesagt hatte, das zu Israel gesandte Lamm Gottes war), bis hin zum Ausruf: *»Sein Blut komme über uns und unsere Kinder«*[249], war die buchstäbliche und vollkommene Verwirklichung dessen, was Gott im 2. Buch Mose vorgegeben hatte. Alles, was mit dem Lamm Gottes geschah, das zur Zeit des Pessach vor zweitausend Jahren geschlachtet wurde, erfüllte genau den Auftrag, den Gott beim Auszug aus Ägypten dem Opferlamm zugewiesen hatte.

Ein fehlerfreies Lamm

Vor einigen Jahren schenkte mir der Herr den Text für eine Kindervorstellung zu Pessach. Ich war nie Theaterliebhaberin und habe weder vorher noch nachher Texte für Aufführungen geschrieben. Dieser Text fiel mir sozusagen vom Himmel zu, und ich war selbst so erschüttert über das, was mir der Herr zeigte, dass ich ihn nicht nur aufschreiben musste, sondern mit den Kindern unserer Gemeinde auch die Aufführung einstudierte. Die Handlung des Stücks spielt in Ägypten unmittelbar vor dem Auszug des Volkes Israel. Der Held der Geschichte ist der jüdische Knabe Avi, dessen bester Freund und Spielkamerad ein Lamm (natürlich ein männliches) ist. Als Gott durch Mose dem Volk Israel befiehlt, ein Lamm zur Schlachtung auszuwählen, fällt die Wahl der Familie Avis ausgerechnet auf dieses Lämmchen. Vielleicht ist es das beste, vielleicht haben sie kein anderes. Am Abend vor dem Auszug rennt der Knabe heulend hinter seinen Eltern her, die das Lamm fangen wollen, um es zu schlachten, und fragt die ganze Zeit: »Aber warum denn? Warum denn ausgerechnet mein geliebtes Lamm? Es ist doch so rein, so weiß, ohne ein einziges Fleckchen!« Und seine Eltern antworten ihm: »Genau darum haben wir es ausgewählt. Weil es fleckenlos ist, soll es geschlachtet werden. Du wirst später verstehen, warum wir nicht anders handeln können und wofür es sterben muss.« In dieser Nacht, als der verweinte Knabe mit der ganzen Familie zum Aufbruch bereit um den Tisch sitzt und zum ersten Mal in der Geschichte Israels die österliche Seder feiert, tritt plötzlich völlige Stille ein. – Und dann dringen aus verschiedenen Häusern rundum Schreie, Weinen und Stöhnen in die Nacht hinaus. Der zutiefst erschrockene Knabe drückt sich an seine Eltern und schaut mit fragenden Augen in ihre Gesichter. Da sagt seine Mutter: »Verstehst du jetzt, warum dein Lämmchen sterben musste? In dieser Nacht bringt der Todesengel alle Erstgeborenen in Ägypten um. Du bist unser Erstgeborener, und wenn wir nicht das Blut deines Lammes an unsere Türpfosten gestrichen hätten, müsstest auch du sterben. Mit seinem Tod hat es dir das Leben gerettet.« Der erschütterte Knabe dankt Gott mit Tränen in den Augen für die Errettung, die er geschaffen hat.

Ich habe von dieser Aufführung erzählt, damit uns bewusst wird, dass alles, was mit Jeshua geschah, die Erfüllung dessen war, was zur Zeit des Auszugs aus Ägypten geschah. Laut den synoptischen Evangelien wurde Joshua am Donnerstag, dem vierzehnten Tag des Monats, am Vorabend des Passahfestes, verhaftet. Vier Tage vorher, am Sonntag, dem zehnten Tag des Monats, zog er in Jerusalem ein und begann mit den Vorbereitungen zu seiner Opferung. An einer bestimmten Stelle im Theaterstück kommen die Eltern ihrem Sohn hart und unmenschlich vor. Doch sie führen nur Gottes Plan aus, indem sie das Leben ihres Sohnes mit dem Blut des geschlachteten Lammes retten. Die Kreuzigung von Jeshua war ebenfalls hart und unmenschlich. Doch damit wurde Gottes Plan der Erlösung durch das Blut des geschlachteten Lammes ausgeführt.

Er litt stumm

»Gott wird sich als Lamm seinen Sohn aussuchen« – das ist das Leitmotiv der Akeda. **Das geschlachtete Lamm als Grundlage der Rettung** ist das Thema, das der Auszug aus Ägypten vorgibt. Die dritte bedeutsame Stelle im Tenach, in der wir dem Lamm begegnen, ist sowohl im Hinblick auf Israel wie auch im Hinblick auf Jeshua grundlegend. Es ist das berühmte 53. Kapitel bei Jesaja, das schon vor langer Zeit zum Stein des Anstoßes zwischen Christen und Juden wurde. Die Christen lesen es als eine Prophezeiung auf das Sühnopfer des Messias, während die Juden bekräftigen, dass Jesaja prophetisch die Leiden Israels beschreibt. Im 7. Vers dieses Kapitels lesen wir: *»Wie ein Lamm, das man zum Schlachten führt, und wie ein Schaf angesichts seiner Scherer, so tat auch er seinen Mund nicht auf.«*[250] In diesem Lied des leidenden Gottesknechts fängt nun ein drittes Motiv zu klingen an, ohne das das biblische Bild des Lammes unvollständig ist: Stumm und demütig trägt das Lamm das ihm auferlegte Leiden anderer. **Das stellvertretende Leiden des demütigen und sanftmütigen Lammes** – das ist das dritte Motiv, das wir im Zusammenhang mit diesem Bild im Tenach finden.

Der Geist Gottes beleuchtet nun auf ganz neue, tiefere und bedeutungsvollere Weise den Sinn der Worte, die er am Anfang des Johannesevangeliums in den Mund Johannes des Täufers gelegt hat. In den Worten *»Siehe, das ist Gottes Lamm, das der Welt Sünde trägt«*[251] sind alle drei Geheimnisse Gottes, die wir betrachtet haben, vereint und verschmolzen zu einem Ganzen. Das Lamm Gottes bedeutet, dass dies der Sohn Gottes ist (השה לעלה בני 1. Mo 22), dessen stellvertretendes Leiden (Jesaja 53) zur Grundlage der Rettung wird (2. Mose 12). Wahrscheinlich ist es für einen Kultur- oder Religionshistoriker, der die »Entstehung des Christentums« studiert, kaum ersichtlich, wie sich diese doch ziemlich selbstständigen Motive zu einer Gestalt vereinen. Doch gerade darin unterscheidet sich der gläubige Mensch vom weltlichen Gelehrten, dass er *nicht* redet *»mit Worten, wie menschliche Weisheit sie lehrt, sondern wie der Geist sie lehrt, indem* er *den Geisterfüllten das Wirken des Geistes deutet.«*[252] Das, was aus menschlicher Sicht nicht vereinbar ist, erweist sich in Jeshua als vereint: Alles, was der Herr mit Israel im Verlauf seiner ganzen Geschichte geredet hat, ist im stellvertretenden Leiden des Sohnes Gottes erfüllt worden.

Reichtum für die Heiden

Und nun, da die Worte über das stellvertretende Leiden Jeshuas ausgesprochen sind, wenden wir uns dem 11. Kapitel im Römerbrief zu. Da schreibt Paulus im Blick auf Israel: *»Wenn aber schon durch ihr Versagen die Welt und durch ihr Verschulden die Heiden reich werden, dann wird das erst recht geschehen, wenn ganz Israel zum Glauben kommt.«*[253] Etwas später: *»Denn wenn schon ihre Verwerfung für die Welt Versöhnung gebracht hat, dann wird ihre Annahme nichts anderes sein als Leben aus dem Tod.«*[254] Die Ausleger dieser Verse interessieren sich im Allgemeinen für den positiven, in die Zukunft gerichteten Teil dieser geistlichen Schlussfolgerungen: *Fülle, Annahme, Leben aus den Toten.* Mir aber scheinen auch Aussagen, die Paulus voranstellt und die die Bedingungen enthalten, außerordentlich wichtig zu sein: *Ihre Verwerfung ist die Versöhnung für die Welt, ihr Versagen der Reichtum für die Welt und ihr Verschulden der Reichtum für die Heiden.* Ich zweifle nicht daran, dass Sie diese Worte schon oft gelesen haben. Haben Sie aber ihre Bedeutung in vollem Maß erfasst? Der Gedanke im zweiten Teil von Vers 12, *»ihr Verschulden macht die Heiden reich«,* könnte anders ausgedrückt lauten: »Israel hat versagt, damit die Heiden durch seinen Schaden reich werden konnten.« In dieser Formulierung wird die Symmetrie zu dem, was im 2. Korintherbrief über Jeshua gesagt ist, klar ersichtlich: *»Er, der reich war, wurde euretwegen arm, um euch durch seine Armut reich zu machen.«*[255] Verblüfft Sie diese Symmetrie? Wir *wurden reich durch die Armut* Jeshuas*;* die Heiden wurden reich durch *das Verarmen* Israels.

Im 15. Vers, in dem Paulus darüber spricht, dass die Welt durch die Verwerfung Israels mit Gott versöhnt wurde, taucht dieselbe Assoziation auf. An wen denken wir gewöhnlich, wenn wir von Versöhnung sprechen? Natürlich an Jeshua. Es gibt keinen Zweifel, dass Paulus, mehr als irgendjemand sonst, den Sühnetod Jeshuas als Grundlage, als Zahlung für die Versöhnung Gottes mit der Welt betrachtete. Das hindert ihn allerdings nicht daran, den Standpunkt zu vertreten, dass diese Versöhnung nur dank der Verwerfung Israels zustande kommen konnte. Er sieht darin überhaupt keinen Widerspruch. Auf geheimnisvolle, unfassbare Weise – *»O Tiefe des Reichtums, der Weisheit und der Erkenntnis Gottes! Wie unergründlich sind seine Entscheidungen, wie unerforschlich seine Wege!«*[256] – haben die Verwerfung Israels, das heißt die Verwerfung Jeshuas durch Israel und das darauf folgende Leiden unseres Volkes, für Paulus eine erlösende Bedeutung, eine Stellvertreterfunktion. In diesem Sinn sind Verwerfung und Leiden Israels dem Leiden Jeshuas vergleichbar, das Erlösung zum Ziel hatte.

Ein großes Geheimnis

Obwohl ich ursprünglich nicht im Sinn hatte, Schriften von Paulus in diesem Buch zu streifen, fühlte ich mich gedrängt, die folgenden Zeilen zu schreiben. Verwurzelt in der Autorität aller möglichen Kirchen und Konfessionen hat die zweitausend Jahre alte Tradition der christlichen Lesart von Paulus seine Lehre bis zur Unkenntlichkeit »gezähmt« und verdreht und ihn zum Vater des kirchlichen Antisemitismus gemacht. Vielleicht muss ich gerade deshalb diesem an Jeshua gläubigen *Pharisäer und Sohn von Pharisäern,*[257] *»der Gott wie seine Vorfahren mit reinem Gewissen dient«*[258], einige Zeilen widmen. Paulus schreibt tatsächlich über das Versagen Israels, über seinen *Fall* und seine *Verwerfung*. Er schreibt, dass *ihr Denken verhärtet* und blind geworden ist und dass sie *zu Feinden Gottes um euretwillen* wurden. Bedeutet das etwa nicht, dass dieser jüdische Gelehrte, der zum Apostel der Heiden wurde, in der Tat aufrichtig glaubte, sein Volk sei von Gott verworfen worden?

Wir wollen versuchen, darüber Klarheit zu gewinnen. Im Brief an die Römer enthüllt Paulus ein Geheimnis, das, wie er hofft, helfen soll, den Plan Gottes zu verstehen und das Volk Israel nicht anmaßend zu behandeln: *»Brüder, ihr sollt dieses Geheimnis wissen...«*[259] Was ist denn das für ein Geheimnis, das die Überheblichkeit der Heiden verhindern soll? Die Schwierigkeit, auf diese Frage eine Antwort zu geben, wird offensichtlich, wenn wir die herkömmliche Interpretation des bekannten Satzes anschauen, der angeblich das durch Paulus eröffnete Geheimnis enthält: *»Dann wird ganz Israel gerettet werden.«*[260] Worin besteht denn hier das Geheimnis? Wenn unter *»ganz Israel«* die an Jeshua gläubigen Juden gemeint sind, so haben die römischen Christen ohnehin nie an ihrer Rettung gezweifelt. Wenn man unter Israel die aus Juden und Heiden bestehende Kirche versteht, so kann man wieder sagen, dass aus ihrer Rettung niemand ein Hehl macht. Wenn das bedeuten soll, dass das ganze Volk Israel gerettet wird, nachdem die Mission unter den Heiden erfüllt und die vollständige Zahl der Heiden zum Glauben gekommen ist, dann ist erstens nicht verständlich, wie eine solche Reihenfolge – zuerst die Heiden, dann die Juden – die Heidenchristen von ihrer Überheblichkeit abhalten soll. Zweitens ist die Rettung und Wiederherstellung Israels eine öfters wiederholte Verheißung der Heiligen Schrift und bildet in keiner Weise ein Geheimnis. Worin besteht also das Geheimnis, das Paulus den Römern eröffnen will?

Ich denke, es besteht nicht darin, dass das einst gestolperte und verstockte Israel am Schluss gerettet wird – obwohl es sehr gut möglich ist, dass man die römischen Christen auch daran erinnern musste. Ich glaube, das Geheimnis wird im nächsten, dem 28. Vers formuliert. Dieser Vers ist ein Schlüssel unseres Buches und besteht aus zwei Behauptungen: *»Vom Evangelium her gesehen sind sie* ***Feinde Gottes****, und das* ***um euretwillen;*** *von ihrer Erwählung her gesehen sind sie* ***von Gott geliebt****, und das* ***um der Väter willen.****«*[261] Was will Paulus mit diesen Worten sagen?

Zwei Realitäten

Denken wir noch einmal an die Geschichte von Benjamin und an die zwei Linien, die sichtbare und die unsichtbare, zurück, von denen wir im zweiten Kapitel gesprochen haben. In jenem dramatischen Moment, in dem der Becher aus dem Sack gezogen wird und die Blicke der Brüder – zweifelnd oder verurteilend, hasserfüllt oder mitfühlend – auf den jüngsten Bruder gerichtet sind, können wir diese zwei Linien sehr genau unterscheiden. Es sind zwei Realitäten, die nicht nur nicht übereinstimmen, sondern einander im Grunde genommen widersprechen. In der sichtbaren Realität ist Benjamin der Gehasste und Verachtete. Er gilt als Dieb und *Feind.* Weder die Brüder noch er selbst ahnen, dass es noch eine andere Realität gibt, die aber zum jetzigen Zeitpunkt allen Beteiligten noch verborgen ist. In der unsichtbaren Realität der *Kammer* ist Benjamin der *Geliebte.* Josef, der Initiant dieser Geschichte, in dessen Namen Benjamin angeschuldigt wird, liebt seinen Bruder in Wirklichkeit unendlich. Wenn wir uns die Frage stellen, warum sich die sichtbare Wirklichkeit so krass von der unsichtbaren unterscheidet, warum auf dieser sichtbaren Linie Benjamin ein Dieb und *Feind* ist, so ist die Antwort ganz einfach:

um der Brüder willen. Josef verwirklicht seinen Plan, damit die Brüder umkehren können. Um ihretwillen, um ihrer Veränderung und Verwandlung willen macht er seinen *geliebten* Bruder zum *Feind.* Ja, Benjamin muss den ganzen Schmerz, die ganze Last dieser Prüfung tragen. Doch diese Prüfung gilt in Wirklichkeit nicht Benjamin, sondern den Brüdern. Die Herzen der Brüder werden an Benjamin geprüft, weil er Josef so teuer ist.

Nach dieser anschaulichen Illustration können wir das Geheimnis, das Paulus den Römern eröffnet, besser verstehen. Der Apostel der Heiden ist bemüht, den römischen Lesern das Geheimnis von Gottes Plan mit Israel nahe zu bringen. Er möchte ihnen begreiflich machen, dass der unsichtbare Plan Gottes sich stark von den sichtbaren Umständen unterscheidet und dass es neben der sichtbaren Realität eine andere, unsichtbare gibt. *»Glaube aber ist: Überzeugtsein von Dingen, die man nicht sieht.«* Wie in der Geschichte von Benjamin ist auch in dieser unsichtbaren Realität alles ganz anders. Für die Heiden ist es in erster Linie wichtig zu verstehen, dass Israel in der unsichtbaren Realität sogar dann von Gott unendlich geliebt ist, wenn es auf Grund der sichtbaren Umstände als verworfen erscheint. Israel ist in Ewigkeit die *Geliebte* des Herrn. Das ist der erste Teil des Geheimnisses, das Paulus den Römern (und uns) nicht vorenthalten will.

Das Einpfropfen

Wie in der Geschichte von Benjamin können wir uns fragen, warum Israel in der sichtbaren Realität als Feind gilt, warum es als das Verwerfende und das Verworfene dargestellt wird. Der nächste Schritt in der Erkundung dieses Geheimnisses ist die Frage: **Wozu** wurde Israel zum Ärgernis, **wozu** wurde es zum Feind? Hier tut Paulus das Geheimnis von Gottes Plan zur Errettung der Heiden auf, die auf dieser Verstockung, in diesem Anstössigsein Israels **gegründet** ist. In der berühmten Stelle vom wilden und vom edlen Ölbaum, die diesen Überlegungen über das Geheimnis direkt vorausgeht, warnt Paulus davor, *»sich nicht auf eigene Einsicht zu verlassen«*. Er hofft offensichtlich, dass dieses Bild sie ein wenig hinter das Geheimnis schauen lässt und ihnen hilft, Überheblichkeit und Arroganz auf Grund ihres neuen Status zu vermeiden. *»Wenn aber einige Zweige herausgebrochen wurden und wenn du als Zweig vom wilden Ölbaum in den edlen Ölbaum eingepfropft wurdest und damit Anteil erhieltest an der Kraft seiner Wurzel, so erhebe dich nicht über die anderen Zweige. Wenn du es aber tust, sollst du wissen: Nicht du trägst die Wurzel, sondern die Wurzel trägt dich.«*[262] Die Heidenchristen sollen nicht denken, das gestolperte Israel sei durch sie ersetzt worden und sei nicht mehr Gottes auserwähltes und geliebtes Volk. Nicht die eingepfropften Zweige tragen die Wurzel, sondern die Wurzel trägt die Zweige.

In meinen Lektionen über Paulus habe ich diesen Ölbaum oft in seiner ganzen »Dynamik« an die Tafel gezeichnet: Zuerst den Stamm mit vielen gleichfarbigen Zweigen daran. Nachher bleiben einige dieser Zweige am Baum, die anderen liegen abgebrochen um den Baum herum. An den frei gewordenen Stellen erscheinen neue Zweige in einer anderen Farbe – wilde Zweige. Die herumliegenden Zweige sind aber nicht einfach von selbst auf die Erde gefallen, sie sind abgebrochen worden, **damit** andere *eingepfropft* werden konnten, damit Platz frei wurde für die Zweige, die eingepfropft werden sollten. Nicht nur das Ja der gläubigen Wurzel, die den Baum trägt, sondern auch das Nein der abgebrochenen, der natürlichen Zweige Israels sind unentbehrliche Bedingungen, damit die Zweige des wilden Ölbaums eingepfropft werden konnten. Das ist das Opfer, das den Zugang der Heiden zu Gottes Bundesfamilie erst möglich gemacht hat.

Zudem genügt es nicht, den Zweig, der eingepfropft werden soll, einfach an den Baum zu stellen. Damit er die Chance hat, wirklich einzuwachsen, muss am Baum ein Schnitt gemacht werden. Verstehen Sie? Es werden nicht einfach alte, unnütze und vertrocknete Zweige abgebrochen, sondern man muss dem Baum ins lebendige Fleisch schneiden, um für neue Zweige Platz zu machen. Ins Lebendige schneiden – genau das ist mit Israel geschehen. Das hat Gott mit ihm getan, damit andere Völker in diesen Baum eingepfropft werden konnten. Die Errettung der Heiden wurde nur möglich dank diesen Schnitten, diesen Wunden, die Israel erlitten hat: ***»Feinde Gottes um euretwillen«*** – das ist das Geheimnis, das Paulus den gläubigen Heiden vermitteln will. In Josefs Plan wurde der geliebte Benjamin zum Dieb und Feind gemacht – um der Brüder willen. Im Plan, den der Herr ausführt, wird das von ihm geliebte Israel zum *Feind* gemacht um der Heiden willen, um der Völker willen – *um euretwillen.*

Der Weg zur Auferweckung

Menschen, die an Jeshua glauben, sagen oft, die Propheten Israels hätten, als sie vom Messias prophezeiten, den zeitlichen Abstand zwischen seinem ersten und zweiten Kommen nicht gesehen. Das sei für sie ein einziges Ereignis gewesen, in dem sie sowohl seine Herrlichkeit als auch sein Leiden sahen, und sie seien nicht in der Lage gewesen zu unterscheiden. Mir scheint, mit Israel geschieht etwas Ähnliches. Die Prophezeiungen des Tenach sprechen von der Herrlichkeit, die das auserwählte Volk erwartet. Diese Herrlichkeit steht zweifellos im Zusammenhang mit dem Kommen des Messias und demzufolge mit der Wiederaufrichtung des Königreiches Israel. Die letzte Frage der Jünger an Jeshua war nicht zufällig: *»Herr, stellst du in dieser Zeit das Reich für Israel wieder her?«* Bis zur festgelegten Zeit erkannte aber keiner der Jünger, was der Herr wusste: dass vor der Erfüllung aller biblischen Prophezeiungen Israel auf dem Weg zu dieser Herrlichkeit zuerst durch jahrhundertelange Leiden und Erniedrigungen um der anderen Völker willen gehen muss, dass unser Volk, bevor es von Jeshuas leuchtendem Licht überflutet wird, lange Jahrtausende in der Dunkelheit, die zeitweise undurchdringlich scheint, *eingeschlossen* sein wird. Jeshuas letzte Worte auf dieser Erde müssen in diesem Zusammenhang gesehen werden. *»Euch* *steht es nicht zu, Zeiten und Fristen zu erfahren, die der Vater in seiner Macht festgesetzt hat.«*[263] Eure Sache ist es, dem Herrn zu folgen. Um die Erfüllung seiner Verheißungen, um die Verwirklichung seines Planes mit seinem Volk, um die Wiederherstellung des Königreiches Israel wird sich der Vater selbst kümmern. Es besteht eine tiefe Parallele zwischen dem, was Jeshua über Israel sagt, und dem, was er über sich selbst sagt, wenn er den Jüngern offenbart, dass er *»vieles erleiden müsse…, getötet werde und am dritten Tage auferstehen werde.«*[264] Damals vor seiner Kreuzigung warteten die Jünger darauf, dass sein Reich jetzt bald beginnen werde. Er jedoch stand vor unvorstellbaren Leiden und Erniedrigungen. Er starb am Kreuz und auferstand erst später zur ewigen Herrlichkeit. Nachdem die Jünger seine Auferstehung miterlebt, erkannt und geglaubt haben, dass er der wahre Herr und Messias ist, warten sie immer noch darauf, dass er nun bald das Königreich Israel wiederherstellen und Israel in die verheißene Herrlichkeit führen werde. Es ist ihnen aber vollständig verborgen, dass Israel auf dem Weg zur Vollendung lange Leidenszeiten durchschreiten muss, **dass es Kreuzigung erleben muss, bevor es auferstehen kann.** Weil der Herr weiß, dass die Jünger ohne den Heiligen Geist solche Gedanken nicht verstehen können, erklärt er ihnen zu dieser Zeit nicht, dass der Plan Gottes mit Israel eine Erwählung zum Opfer ist, ein Hinlegen Israels auf den Opferaltar um der Errettung der Völker willen. All das ist für sie bis zur festgelegten Zeit verborgen, bis Jeshua zu seinem Vater aufgefahren ist und die Jünger den Heiligen Geist erhalten haben. *»Wenn aber jener kommt, der Geist der Wahrheit, wird er euch in die ganze Wahrheit führen,«*[265] verspricht der Herr. Darum beginnt er erst nach seiner Himmelfahrt und nach dem ausgießen des Heiligen Geistes seinen auserwählten Zeugen dies alles zu offenbaren.

Um der Errettung willen

Wir wissen, dass später auch Paulus zu diesen Auserwählten gehörte. Paulus hat wie Jeshua Gottes Plan mit seinem Volk in zwei Etappen gesehen: zuerst die Kreuzigung, dann die Auferstehung. *»Amen, amen, ich sage euch: Wenn das Weizenkorn nicht in die Erde fällt und stirbt, bleibt es allein; wenn es aber stirbt, bringt es reiche Frucht.«*[266] Paulus war dieses Sterben Israels, das notwendig ist, damit viel Frucht entstehen kann, offenbart worden. Wenn wir in seinen Briefen über die oft befremdlichen Stellen stolpern, in denen von der Verwerfung Israels die Rede ist, dann müssen wir verstehen, dass Paulus nicht die christliche Ersatztheologie ins Leben ruft, sondern im Geist Gottes prophezeit, was er in der Zukunft kommen sieht. Bei aller Liebe zu Israel und trotz des großen Wunsches, seinem Volk das zu schreiben, was einst Petrus zu Jeshua gesagt hat: *»Das möge Gott verhüten!«*[267], kann er einfach nichts anderes schreiben. Denn das ist Gottes Plan mit Israel, das ist Gottes Erwählung Israels zum Opfer. Die Verwerfung Israels und seine zukünftigen Leiden sind Paulus nicht nur offenbar, wie die traditionellen Ausleger gerne betonen, er sieht auch den Sinn dieses stellvertretenden Opferleidens: ***»Feinde um euretwillen!«*** Er sieht die zurückgehaltenen Tränen des Herrn, der Israel zum *Feind Gottes* gemacht hat, damit die Völker Errettung erlangen können.

Paulus eröffnet den Römern das zweifache Geheimnis Israels: das Geheimnis von Gottes Liebe zu Israel und das Geheimnis seines Planes mit Israel, der um der Errettung der Völker willen verwirklicht wird. Er hofft, dass die Heidenchristen, wenn sie auf den leidenden, verworfenen Jeshua und auf das scheinbar von Gott verworfene Israel blicken, *»sich nicht auf eigene Einsicht verlassen«,* sondern darin Gottes Geheimnis sehen. Sie sollen in Israel das Opfer sehen, das für ihre Errettung dargebracht wird. Paulus ruft sie auf, daran zu denken, dass die *Blindheit* Israels, sein *»Eingeschlossensein in den Ungehorsam«* und sein Leiden eben Teil von Gottes Plan sind, der nötig ist, damit er ***»sich aller erbar-***

men« und auch die Heidenvölker retten kann. Israel wird also in den Ungehorsam und in die Verstockung eingeschlossen sein, bis *»die vollständige Zahl der Heiden eingegangen ist«.* Paulus bemüht sich mit aller Kraft, dieses Geheimnis der Liebe Gottes seiner römischen Leserschaft näher zu bringen. Er möchte, dass die Kirche erfasst, was sie bis jetzt noch nie gehört hat: dass Verwerfung und Leiden Israels unabdingbare Teile von Gottes Plan sind und dass dieses Leiden stellvertretenden Charakter hat, dass auf die Kreuzigung die Auferstehung folgt und dass die Leiden Israels seine Sohnschaft und Erwählung nicht aufheben, sondern im Gegenteil bekräftigen: *»Obwohl er der Sohn war, hat er durch Leiden den Gehorsam gelernt.«*[268] Im Römerbrief schreibt Paulus unmissverständlich, dass die Zeit von Israels Erniedrigung und Leiden Opfercharakter hat, doch gleichzeitig sieht er die verborgene Realität von Gottes Liebe zu Israel, die Realität der *Kammer*, wo man Gottes Herz erkennen kann. Genau das erwartet er von denen, die seinen Brief lesen.

Wir meinten, er sei von Gott geschlagen

Lassen Sie uns auf die biblischen Gestalten zurückblicken, die in diesem Buch Israel wiederspiegeln: Isaak, der von seinem Vater zur Schlachtung geführt wird; Hiob, der von aller Art von Unheil bedrängt wird; Benjamin, der für ein Verbrechen angeklagt wird, das er nicht begangen hat; Lazarus, der vergeblich auf das Kommen des Herrn wartet. Tragische Gestalten, tragische Bilder, tragische Geschichten…Vielleicht haben Sie den gemeinsamen Ton jener Saite schon erkannt, der auf verschiedene Weise in jedem Kapitel dieses Buches zu hören ist. Isaak, Hiob, Benjamin und Lazarus sind, bei allen Unterschieden ihrer Umstände, durch ein einziges Gefühl verbunden: durch den Schrecken des Unverständnisses über das, was mit ihnen und der Liebe Gottes zu ihnen geschieht. Und das, obwohl ihre persönlichen Wege von Gott geplant und Ausdruck seiner Liebe sind. Jeder von ihnen hat sich irgendwann von Gott im Stich gelassen gefühlt, obwohl Gott in Wirklichkeit keinen Moment aufgehört hat, ihn zu lieben. **Das Geheimnis der Liebe Gottes ist hinter Gottes Plan verborgen geblieben**.

Wir wenden uns nun dem 53. Kapitel des Jesajabuches zu und lesen dort: *»Er wurde verachtet und von den Menschen gemieden, ein Mann voller Schmerzen, mit Krankheit vertraut. Wie einer, vor dem man das Gesicht verhüllt, war er verachtet; wir schätzten ihn nicht. Aber er hat unsere Krankheit getragen und unsere Schmerzen auf sich geladen.* ***Wir meinten, er sei von Gott geschlagen, von ihm getroffen und gebeugt.«***[269]

Als ich vor vielen Jahren zum ersten Mal nach meiner Bekehrung dieses Kapitel las, war ich erschüttert von dem tragischen Kontrast: Auf der einen Seite die menschliche Wahrnehmung *»wir meinten«*, die den von Leid und Schmerz Geplagten als einen von Gott Getroffenen ansieht, auf der anderen Seite die erhabene Bedeutung des stellvertretenden Opfers dessen, der dieses Leiden um anderer willen auf sich genommen hat für die, die ihn verlachten und bespuckten. Jeder, dem die Geschichte der Kreuzigung zu Herzen gegangen ist, hat wenigstes einmal über diesen Gegensatz nachgedacht. Die aufwühlendsten, qualvollsten Zeilen des Evangeliums sind für mich jene, in denen Jeshua, der freiwillig durch Schande, Leiden und Kreuzestod ging, als ein von Gott Verlassener verstanden wird. *»Die Leute, die vorbeikamen, verhöhnten ihn, schüttelten den Kopf und riefen: Du willst den Tempel niederreißen und in drei Tagen wieder aufbauen? Wenn du Gottes Sohn bist, hilf dir selbst und steig herab vom Kreuz!«*[270]

Steig herab vom Kreuz!

Menschen, die an Jeshua glauben, wissen, dass der am Kreuz sterbende Gottessohn von Gott verlassen werden musste, damit sein Erlösungsplan vollendet werden konnte: *»Es ist vollbracht!«* – *»Denn Gott hat die Welt so sehr geliebt, dass er seinen einzigen Sohn hingab, damit jeder, der an ihn glaubt, nicht zugrunde geht,* *sondern das ewige Leben hat.«*[271] Das ist das Geheimnis Gottes, das *»für Juden ein empörendes Ärgernis, für Heiden eine Torheit«*[272] ist und auf dem sich unser Glaube gründet. Kann man den Schmerz des Vaters ermessen und beschreiben, als der von ihm in diese Welt gesandte Sohn eines qualvollen Todes starb? *»Er hat seinen eigenen Sohn nicht verschont…für uns alle.«*[273] Wir sehen hier dasselbe erstaunliche Merkmal der Liebe Gottes, die in allen unseren Geschichten bezeugt wird: So nahm sich Abraham zusammen, so nahm sich Josef zusammen, so nahm sich Jeshua zusammen – und genau so nahm sich der Vater zusammen, als er seinen Sohn ans Kreuz schickte. In Gott selbst, der seine Tränen über Golgatha zurückhielt, offenbart sich uns jene Liebe, der wir in der Bibel schon mehrfach begegnet sind: die Liebe, die fähig ist, mit Tränen in den Augen das Liebste auf den Altar zu legen. Könnte das überhaupt anders sein, wenn wir es doch immer mit demselben Gott zu tun haben, mit dem Gott Abrahams, Hiobs und Josefs? Wenn es hier einen Widerspruch gibt, dann nur den, dass die auffallende Ähnlichkeit mit der Situation Israels sowohl von den Juden wie auch von den Christen unbemerkt geblieben ist. Denn die Worte, die Jeshua am Kreuz *laut ausgerufen* hat: *»Mein Gott, mein Gott, warum hast du mich verlassen?«* waren Worte aus den Psalmen. Sie drücken das gleiche qualvolle Stöhnen der Verlassenheit aus, das sich öfters der Brust unserer Propheten entrungen hat. Denken Sie zum Beispiel an die Frage: *»Warum bist du wie ein ratloser Mann, wie ein Krieger, der nicht zu siegen vermag?«*

Ich bete darum, dass der Herr mir sagen hilft, was ich jetzt zu sagen habe, und dass er Ihnen hilft, es zu hören, meine Brüder und Schwestern im Glauben. Jeshua wurde als von Gott verlassen angesehen, weil er verspottet war und leiden musste: *»Er hat auf Gott vertraut, der soll ihn jetzt retten, wenn er an ihm Gefallen hat.«*[274] Welche Ironie, dass ausgerechnet die Christen keinen Zweifel hatten, im Leiden und in der Schmach Israels in den ersten Jahrhunderten Strafe und Verwerfung Gottes zu sehen! Alles was mit Jeshua geschah, seine Erniedrigung und sein

Leiden, sogar diese höhnenden Worte – all das war viele Jahrhunderte vor seinem Tod vom Heiligen Geist durch Israel und durch die Heilige Schrift offenbart worden. Die Christen hätten besser als irgendjemand anders wissen müssen, dass Gottverlassenheit ein Teil von Gottes Erwählung und Plan und ein Weg zu seiner Herrlichkeit werden kann – und es auch geworden ist! Doch sie begingen den gleichen Fehler in Bezug auf Israel. Sie waren es nun, die Israel und sein Leiden verspotteten und sprachen: ***»Wenn du Gottes Sohn bist, so steig herab vom Kreuz.«*** Oder in anderen Worten: Wenn du immer noch das auserwählte Volk bist, so hör auf zu leiden! *»Er hat auf Gott vertraut, der soll ihn jetzt retten, wenn er an ihm Gefallen hat.«* Das sind in Wirklichkeit die Gedanken über Israel, die sich meist unausgesprochen in den Köpfen vieler festgesetzt haben. Doch dieses Leiden hat Opfercharakter: Israel wird um der anderen Völker willen zum Opfer gebracht. ***»Feinde Gottes um euretwillen.«***

Zwei Opfer

Wenn die Rabbiner das 53. Kapitel Jesajas auslegen, berühren sie in diesem Sinn irgendwo und irgendwie Gottes Wahrheit, doch sie berühren sie nur wie durch einen Schleier hindurch, der über allem liegt. Israel wird wie Jeshua zum Opfer gebracht um der Völker willen, um der Errettung und Rechtfertigung vieler willen. Auch Israel wird tatsächlich wie ein Lamm zur Schlachtung geführt, nur ist es ein anderes Opfer, eine andere Schlachtung. Im 3. Buch Mose lesen wir, dass am Versöhnungstag zwei Opfer für die Entsühnung des Volkes dargebracht werden müssen, ein Bock für das Brandopfer und ein Bock für das Sündopfer, ein »Sündenbock«, welcher alle Sünden mit sich wegtragen muss. *»Dann soll Aaron die beiden Ziegenböcke nehmen und sie vor dem Herrn am Eingang des Offenbarungszeltes aufstellen. Für die beiden Böcke soll er Lose kennzeichnen, ein Los »für den Herrn« und ein Los »für Asasel«. Aaron soll den Bock, für den das Los »für den Herrn« herauskommt, herbeiführen und ihn* ***als Sündopfer dar-***

bringen*... Aaron soll seine beiden Hände auf den Kopf des lebenden Bockes legen und über ihm alle Sünden der Israeliten, alle ihre Frevel und alle ihre Fehler bekennen. Nachdem er sie so auf den Kopf des Bockes geladen hat, soll er ihn durch einen bereitstehenden Mann in die Wüste treiben lassen, und* ***der Bock soll all ihre Sünden mit sich*** *in die Einöde* ***tragen...***«[275] Zwei Böcke, zwei Opfer. Der eine wird für die Sünden geopfert (d.h. er tilgt die Sünden mit seinem Tod. Das ist das Urbild des Sühnetodes Jeshuas.). Der andere, der lebendige, nimmt die Gesetzlosigkeit des Volkes, alle Schuld und alle Vergehen, auf sich. Warum geschieht das so? Auf diese Frage habe ich keine Antwort, doch so hat Gott es festgelegt. Ich sehe darin deutlich den Schatten und das Urbild des zukünftigen Planes Gottes. Israel, das in der realen Geschichte so oft zum Sündenbock gemacht wird, ist in Wirklichkeit von Gott auserwählt worden, um die Gesetzlosigkeit der Völker auf sich zu nehmen. Gottes Sohn Jeshua ist gesandt worden, um **als Sündopfer** am Kreuz den Sühnetod zu sterben. Gottes Sohn Israel ist auserwählt, um als Opfer um anderer Völker willen lebendig in die Wüste geschickt zu werden und **ihre Gesetzlosigkeit auf sich zu nehmen.**

Ich glaube, dass sich das Wesen der Sohnschaft und Erwählung Israels nur bei einem Vergleich mit der Sohnschaft und Erwählung des Gottessohnes ganz verstehen lässt. Vermutlich werden viele Leser mit einer solchen Auslegung nicht einverstanden sein. Sogar Christen, die Israel lieben, sehen in allem, was mit Israel geschieht, die Strafe für seine Sünden und seine Abkehr. Kann überhaupt von einer Parallele zwischen dem sündlosen Sohn Gottes und dem verstockten, Gott ungehorsamen Israel die Rede sein? – Es geht aber nicht um einen Vergleich der Gerechtigkeit, denn ein solcher wäre hier einfach unsinnig. Jeshua war ohne Sünde. Jeder Mensch aber, und somit auch jedes Volk, hat eine Unmenge von Sünden begangen, da macht auch Israel keine Ausnahme. Die Rede ist nur von **der Erwählung,** von **der Berufung**, davon, dass es **das irdische Schicksal Israels wie auch das irdische Schicksal Jeshuas ist, als Opfer dargebracht zu werden.** Besonders darin besteht das Wesen der Gottessohnschaft. Zweimal hat Gott jemand seinen Sohn genannt. In der Bibel verschmelzen diese beiden manchmal so stark, dass sie nicht mehr zu unterscheiden sind. Wenn wir die Psalmen lesen, dann fragen wir uns nicht selten: *»Von wem sagt der Prophet das? Von sich selbst oder von einem anderen?«*[276] Sagen diese Worte die Leiden Israels oder die Leiden Jeshuas voraus? Erinnern Sie sich, wie frei und ungezwungen, beinahe selbstverständlich das Matthäusevangelium jene prophetischen Worte auf Jeshua bezieht, die eigentlich über Israel gesagt sind: *»Aus Ägypten habe ich meinen Sohn gerufen.«*[277] Nur zweimal hat Gott jemand »seinen Sohn« genannt, und von beiden kann man sagen: *»Obwohl er der Sohn war, hat er durch Leiden den Gehorsam gelernt.«*[278]

Aus der Wüste herauf

Nun wollen wir einen kleinen Abstecher machen, um eine weitere, überraschende Parallele in Gottes Wort anzusehen. In 1. Mose 22,19 heißt es, nachdem die Opferung auf dem Berg Morija abgeschlossen war: *»Darauf kehrte Abraham zu seinen Jungknechten zurück. Sie machten sich auf und gingen miteinander nach Beerscheba. Abraham blieb in Beerscheba wohnen.«*[279] Taucht bei Ihnen hier nicht die Frage auf, wo denn Isaak geblieben ist? Warum heißt es: *»Darauf kehrte Abraham zurück,«* und von Isaak ist kein Wort zu lesen? Nach der Opferung auf dem Berg Morija verschwindet Isaak auf geheimnisvolle Weise völlig aus unserem Blickfeld. Wir sehen ihn erst wieder am Ende des 24. Kapitels bei seiner Begegnung mit Rebekka. Es heißt, er sei aus dem *Südland* (d.h. aus der Wüste), aus der Gegend von *Lahai-Roi*[280] – לחי ראי באר – (Brunnen *»Es lebt, der mich sieht«*) – gekommen. Was aber Isaak die ganze Zeit über in der Wüste erlebt hat, das ist vor uns verborgen. Jedoch werden wir am Schluss des 24. Kapitels Zeugen einer ergreifenden Szene. Als Rebekka zum ersten Mal Isaak sah, der gerade aus der Wüste gekommen war, *fiel sie* buchstäblich *vom Kamel*[281]. Die deutsche Übersetzung *»sie stieg vom*

Kamel« oder *»sie ließ sich vom Kamel herab«* *entspricht nicht dem Hebräischen.* ותפל מעל הגמל

Warum ist Rebekka vom Kamel gefallen? Haben die Spuren der Leiden, die Isaak auf dem Berg Morija erlebt hat, sie so sehr erschüttert? Oder war er so von Gottes Herrlichkeit erfüllt? Wir wissen es nicht. Es gibt aber keinen besseren Ausleger der Bibel als die Bibel selbst. Darum wollen wir zur Erklärung eine ähnliche Bibelstelle herbeiziehen. Im Johannesevangelium, als die Soldaten in den Garten Gethsemane kamen, um Jeshua zu verhaften, sagt er zu ihnen: *»Ich bin es! Da wichen sie zurück und stürzten zu Boden.«*[282]

Ich denke, dass sich niemand von uns schwer tut, die Frage zu beantworten, warum die Soldaten im Garten Gethsemane zu Boden stürzten. Der vor ihnen stehende Sohn Gottes, den wir eben noch voll Schwachheit gesehen haben, ist jetzt mit solch göttlicher Autorität erfüllt, dass sie nicht vor ihm stehen können. Darum wanken die Soldaten erschüttert zurück und fallen zu Boden. Vielleicht war es auch bei Isaak so. Das demütige Herz, das im Feuer der Bewährung vor Gott geprüft wurde, ist gereinigt und mit Gottes Herrlichkeit erfüllt worden. Der göttliche Glanz auf Isaaks Gesicht muss Rebekka geblendet haben, als sie ihn zum ersten Mal sah.

Für mich ist diese Geschichte eine Bestätigung mehr, wie der Herr, der Autor seines Wortes, die verschiedenen Bilder verbindet und kombiniert: das Bild Jeshuas, das Bild Isaaks und das Bild Israels. Denn auch Israel scheint aus dem Plan Gottes völlig verschwunden zu sein, nachdem die Opferung auf Golgatha *vollbracht* ist. Das ist unsere Wüstenzeit: *»Sie irrten in der Wüste umher… litten Hunger und Durst… sie saßen in Dunkel und Finsternis, gefangen in Elend und Eisen…«*[283] Das ist unsere Zeit des Leidens und der Schmerzen, die man nur dank den lebendigen Wassern aus dem Brunnen *Lahai-Roi* überleben kann. Das ist unsere Zeit der Verlassenheit, in der man nur noch lebt, weil *»der* *lebt, der uns sieht«.* Doch das Ende dieser Leiden nähert sich. Es kommt der Tag, an dem Israel aus der Wüste herauskommen wird, so wie Isaak aus der Wüste herauskam: strahlend von Gottes Herrlichkeit. Dann wird diese Parallele zwischen Israel und Jeshua, die heute nur wenigen offenbar ist, für alle offensichtlich werden: Beide werden Sohn Gottes genannt, beide wurden auf übernatürliche Weise geboren, beide machten eine Wüstenzeit durch. Beide mussten durch Leiden zum Opferaltar gehen, beide schienen in ihrem Leiden von Gott verlassen zu sein. Doch in Wirklichkeit führten beide Gottes Erlösungsplan aus. Am Ende, nach der Vollendung des Leidens, sind beide vorbereitet, um in Gottes Herrlichkeit einzutreten.

Zwei Söhne

Letztlich gibt es also zwei, die der Herr seinen Sohn nennt und die er zum Leiden um anderer willen erwählt hat. Zwei wurden auserwählt, um Opferlamm zu werden. **Das stellvertretende Leiden Israels** – das wäre wohl die Überschrift, die ich über dieses Kapitel, vielleicht über das ganze Buch setzen würde, wenn ich an einem Seminar oder an einer Konferenz zu diesem Thema sprechen müsste. Doch jetzt schreibe ich ein Buch und keine akademische Arbeit. Der Titel dieses Buches drückt meines Erachtens die Ähnlichkeit zwischen dem Plan Gottes mit Jeshua und dem Plan Gottes mit Israel erstaunlich genau aus. Israel, wie auch Jeshua, ging und geht um anderer willen durch das stellvertretende Opferleiden. Ähnlich wie Jeschua am Kreuz wurde und wird das leidende Israel als von Gott verlassen angesehen. ***»Wenn du Gottes Sohn bist, so steig vom Kreuz herab«***, das wurde vor zweitausend Jahren dem zugerufen, der als Opferlamm am Kreuz hing. Wenn es uns gelingt, diese Worte tief in unser Herz einzuprägen, dann werden wir vielleicht verstehen können, dass Leiden nicht immer eine Folge von Sünde und Verwerfung ist. Dann werden wir auch auf die Frage, die jeden Juden quält, Antwort geben können: Wie konnte Gott die Shoa, die Gaskammern, all die

Folterungen und Misshandlungen, die getöteten Kinder und Frauen, mit ansehen? Wie kann er heute die in die Luft gesprengten Autobusse, die verstümmelten Leichen mit ansehen? (Ich beende mein Buch einen Tag nach einem weiteren schrecklichen Terroranschlag in Jerusalem). Die Antwort lautet: Auf die gleiche Weise, wie er Golgatha mit angesehen hat: indem **er *»sich zusammennahm«*** und seine Tränen und seinen Schmerz zurückhielt. Ich weiß keine andere Antwort und akzeptiere keine andere.

Der Gott Israels, der Gott Abrahams, Isaaks und Jakobs, der seinen Sohn auf diese Erde gesandt hat, brachte zwei Söhne zum Opfer. Der eine ist Jeshua, *»Das ist mein geliebter Sohn, an dem ich Gefallen gefunden habe,« –* der **als Opfer für die Sünde sterben** musste. Der andere ist Israel, *»Israel ist mein erstgeborener Sohn«,* der **als lebendiges Opfer die Gesetzlosigkeit auf sich nehmen** musste. Ablehnung, Leiden und Sterben des Gottessohnes Jeshua waren notwendig, damit die Erlösung in die Welt kommen konnte. ***»Wir wurden mit Gott versöhnt durch den Tod seines Sohnes.«***[284] Ablehnung und Leiden des Gottessohnes Israel, Verwerfung, Leiden und Sterben von Millionen von Juden waren nötig, damit die Erlösung alle Menschen erreichen und Gottes Plan in dieser Welt vollendet werden kann: ***»Ihre Verwerfung hat für die Welt Versöhnung gebracht.«***[285]

Der Widerspruch in Abrahams Belohnung

Wir wollen uns nun ein letztes Mal dem Prolog zuwenden. Noch einmal wollen wir auf jene einsame Höhe zurückschauen, die seit den ersten Zeilen wie ein Koloss dieses Buch überschattet. Im Midrash Bereshit Raba, auf den wir uns schon mehrmals bezogen haben, sagt Abraham zum Herrn: »Ich hätte dir vieles entgegnen können, als du meinen Sohn von mir verlangt hast. Ich aber habe meinen Schmerz gezügelt und habe meinen Sohn zur Schlachtung geführt, um deinen Willen zu erfüllen. Als Belohnung, Herr, bitte ich dich, dass du, wenn Isaaks Kinder in Bedrängnis geraten, an diese Akeda denken und ihnen Barmherzigkeit erweisen mögest.«[286]

כן יהי רצונך מלפניך יי אלהינו בשעה שיהיו בניו יצחק בבאים לידי
צרה תזכור להמ אותה העקידה ותימלא עליהם רחמים

Nicht wahr, das scheint uns völlig natürlich: Wer Gott in einer so schrecklichen Prüfung treu geblieben ist, der hat das Recht, als Belohnung besonderen Segen für sich und seine Nachkommen zu erwarten. »Denke an diese Akeda zurück und erweise dich ihnen gegenüber barmherzig.« Und wirklich, der Herr verspricht Abraham: *»Segnen sollen sich mit deinen Nachkommen alle Völker der Erde, weil du auf meine Stimme gehört hast.«*[287] Ich denke, dass Abraham jubelte, als er diese Worte hörte. Er war sicher fest davon überzeugt, dass hier von greifbarem, praktischem Segen für sein Volk die Rede war. Er glaubte, dass der Herr Glück, Wohlergehen, Sicherheit, Wohlstand und Ehre meinte, mit denen er seine Nachkommen für den »gezügelten Schmerz« ihres Patriarchen belohnen werde.

Die Zeilen dieses Buches kommen der Wahrheit jedoch näher. Obwohl Gott tatsächlich *»unendlich viel mehr tun kann, als wir bitten oder verstehen«,* wählt er seine und nicht unsere Wege, um uns zu dem zu bringen, was *»unendlich viel mehr«* ist. Als Abraham auf dem Berg Morija stand, konnte er deshalb nicht voraussehen, was dieser Segen für sein Volk bedeuten würde. Er wusste nicht, dass genau wie er – nach den Worten des Midrash – seinen Schmerz »zügelte« und seinen eigenen Sohn zur Schlachtung führte, auch Gott, der Vater, seinen Schmerz »zügeln«, seine Liebe, sein Erbarmen *zurückhalten* und seinen Sohn Israel zur Schlachtung führen würde.

Als Belohnung für Abraham und in Erfüllung der ihm gegebenen Verheißung nennt der Gott Abrahams Isaaks Nachkommen seinen Sohn:
»Israel ist mein erstgeborener Sohn.«[288]

Als Belohnung für Abraham und in Erfüllung der ihm gegebenen Verheißung wählt der Gott Abrahams seinen Sohn als Opferlamm aus:
השה לעלה בני
(Das Lamm für das Brandopfer ist mein Sohn).

Als Belohnung für Abraham und in Erfüllung der ihm gegebenen Verheißung hält sich der Gott Abrahams zurück und führt seinen Sohn zum Leiden, durch das *»alle Völker der Erde Segen erlangen sollen...«*

Leben aus den Toten

Ich wiederhole den Grundgedanken, den dieses Buch vermitteln soll: **Nur die Liebe Gottes ist fähig, den auf den Altar zu legen, den sie liebt.** Für uns, die wir auf dem Altar liegen, ist es trotzdem schmerzhaft und schrecklich. Doch ich denke, wir erkennen, dass der, welcher uns auf den Altar gelegt hat, uns unendlich liebt. Wenn wir den Plan Gottes verstehen und unseren Platz darin und was uns in der Zukunft erwartet, können wir es leichter ertragen. Wenn Hiob mitten in seinem Leiden die Möglichkeit gehabt hätte, das 42. Kapitel zu lesen; wenn Benjamin, als er auf dem Weg zurück in die Stadt an Strafe und Tod dachte, sich wenigstens für einen Augenblick hätte vorstellen können, welche Freude auf ihn wartete; wenn Isaak sich hätte vorstellen können, was auf dem Berg Morija geschehen werde; wenn Lazarus und seine Schwestern gewusst hätten, was der Herr für sie bereit hielt – sie alle hätten wahrscheinlich ihre Leiden leichter ertragen können. Sie und ich, wir befinden uns mitten in Gottes Plan, und zwar in dem doppelten Sinn, dass er noch nicht vollendet ist und dass Israel sich in seinem Zentrum befindet. Das herrliche Ende, auf das 1. Mo 45, Hiob 42 und Johannes 11,43 hinweisen, steht noch vor uns. Vielleicht finden Sie nicht immer die nötige Kraft, um an all die Verheißungen für Israel zu glauben, die in unserer heutigen Wirklichkeit so unrealistisch und unglaubwürdig tönen. Blättern

Sie dann diese Seiten durch (oder noch besser die Seiten der biblischen Geschichten). Denken Sie an Hiob und an Lazarus, die von Gott verlassen schienen. Denken Sie an ihre völlig hoffnungslos scheinende Lage zurück und rufen Sie sich den Schluss ihrer Geschichten ins Gedächtnis. So wird es auch mit uns gehen. Ich weiß nicht, woran Isaak dachte, als er gebunden auf dem Opferaltar lag. Wir aber wissen sicher, dass das nicht das Ende unserer Geschichte ist, dass der Moment kommen wird, wo wir vom Opferaltar heruntersteigen und aus der Wüste herauskommen werden, **strahlend in Gottes Herrlichkeit**.

Der, den Gott seinen Sohn und seinen Erstgeborenen nennt, kann nicht in Gottes Herrlichkeit eingehen, bevor er zuerst *Schande erlitten* hat. Vor zweitausend Jahren, als zu Jeshua gesagt wurde: *»Wenn du Gottes Sohn bist, so steig vom Kreuz herab«,* da stieg er nicht vom Kreuz, weil er der Sohn Gottes war. Gottes Sohn konnte nicht in die Herrlichkeit des Vaters eingehen, bevor er *»das Kreuz auf sich genommen hat, ohne auf die Schande zu achten.«*[289] Mögen diese Gedanken über den, *»der von den Sündern solchen Widerstand gegen sich erduldet,«*[290] und auch der Titel dieses Buches, den mir der Herr gegeben hat, uns alle ermutigen, die wir über Israel weinen und mit Israel leiden: Nach der Kreuzigung folgt die Auferstehung. Dieses große Wunder, zusammen mit der Freude und Herrlichkeit Gottes, erwartet den, den er selbst dazu bestimmt hat, durch Leiden und Tod zu gehen.

»Denn wenn schon ihre Verwerfung
für die Welt Versöhnung gebracht hat,
dann wird ihre Annahme nichts anderes sein
als Leben aus dem Tod.«[291]

Für Jerusalem

»Sieh her:
Ich habe dich gezeichnet in meine Hände,
deine Mauern habe ich immer vor Augen.«
Jesaja 49,16

Da aller Tumult im Land ist verstummt,
nur noch Tränen die Spur allen Wehs,
deine Mauern, gezeichnet in meine Hand,
sind bereit für die Nägel am Kreuz.

Ein Stöhnen zerreißt des Morgens Ruh,
Blut fließt wie Wasser in Strömen herab.
Der Nagel, der meine Hand durchbohrt,
lässt ein ewiges Wundmal mir.

Verdunkelt die Sinne, die Menschen zu blind
zu erkennen die tragische Stund,
da der Nagel, der mich am Kreuze durchbohrt,
auch deine Mauern durchdringt.

Als Auferstandener trage ich noch
das Wundmal, von Menschen mir eingeprägt.
Deine Mauern bleiben in meiner Hand
mit den tiefen Narben vom Kreuz.

Doch getrieben wie einst von Bosheit und Trotz
und vergessend die Wunden von einst,
schlägt die Welt die gleichen Nägel
in deine Mauern, Jerusalem.

Und wieder – sie wissen nicht, was sie tun
dem Erhöhten, der alles sieht:
Jeder Schlag, der deine Mauern trifft,
schmerzt neu in meiner Hand.

Quellenhinweise und Erklärungen

Prolog

[1] 5Mo 29,28
[2] Hagada: Legenden, Gleichnisse, Aussprüche des Talmud und des Midrash, S.59
[3] Hab 3,19
[4] Joh 12,27
[5] Jes 53,7
[6] Joh 3,16
[7] Joh 10,17-18
[8] Röm 11,28
[9] Hebr 7,10
[10] Röm 1,16
[11] Erschienen in Russisch, Jerusalem 1995
[12] Joh 3,27
[13] Röm 9,2

Kapitel 1

[14] Jes 62,1
[15] 1Kor 13,12
[16] Hebr 12,21
[17] Hiob 1,8
[18] Hiob 1,9.11; 2,5
[19] Ps 10,1
[20] Warum weinst du? Wen suchst du? S.12
[21] ebenda, S.71
[22] Hiob 16,2; 13,4
[23] Joh 14,6
[24] Röm 9,3
[25] Sach 2,10
[26] Hiob 6,3
[27] Ps 69,27
[28] Joh 8,7
[29] 1Mo 9,27
[30] Hiob 9,24
[31] Hebr 11,1
[32] Röm 8,28
[33] Hiob 29,22.23.25
[34] Hiob 4,7
[35] Hiob 17,6
[36] Hiob 19,18,19
[37] Hiob 30,19
[38] Hiob 16,11
[39] Hiob 12,3
[40] Hiob 13,2
[41] Hiob 22,5-9
[42] Hiob 11,6
[43] Hiob 10,4
[44] Hiob 32,3
[45] Hiob 42,7
[46] Mt 12,30
[47] Mk 13,22
[48] Joh 10,10
[49] Hiob 17,3
[50] Eph 3,18
[51] Hiob 16,19
[52] Ps 124,1.2
[53] Röm 11,25
[54] Hiob 1,8; 2,3
[55] Hiob 16,4
[56] 5Mo 4,7

57 Jer 50,7

58 1Mo 22,4

59 Midrash Bereshit Raba, par. 56

60 1Mo 22,6

61 Diese Begebenheit stammt aus dem Buch »Das bewegte Leben des Lasik Roitschwantz« von Ilja Ehrenburg. Die Texte zwischen Anführungs- und Schlusszeichen sind Zitate aus der deutschen Übersetzung von Waldemar Jollos, alles andere die Nacherzählung der Autorin.

62 Hebr 5,8

63 1Mo 22,8

64 Röm 11,25

65 Ps 69,5

66 Ps 69,10.5.27

67 Ps 69,25

68 Röm 11,18.25; Elb.

69 1Mo 12,3

70 Vladimir Marzinkovsky (1884-1919) war ein russischer evangelischer Prediger, der 1930 nach »Palästina« einwanderte, wo er lange Zeit eine jüdisch-arabisch-christliche Gemeinde leitete.

71 Offb 12,10

72 Röm 11,11

73 Ps 69,6-8

74 Jes 21,11-12

75 2Petr 1,19

76 Hiob 31,40

77 Hiob 42,5

78 Röm 11,15

79 5Mo 4,12

80 Sach 12,10

81 Hiob 42,7

82 1Kor 4,5

83 Hiob 42,6 (Luther)

84 Sach 12,10; 13,1

85 Sach 3,9

86 Jes 40,1

87 Hiob 4,7

88 Sach14,12

89 Hiob 42,8

90 Sach 14,16

91 Jes 44,5

Kapitel 2

92 1Mo 32,31

93 Offb 21,4

94 1Mo 42,8

95 1Mo 42,7.12

96 1Mo 42,16

97 1Mo 42,21

98 1Mo 42,21.22

99 Beim mathematischen Pluszeichen in Israel durchquert der horizontale Strich den vertikalen nicht, um eine Ähnlichkeit mit dem Kreuz zu vermeiden.

100 1Mo 42, 28

101 1Mo 43,18

[102] 1Mo 43,23

[103] 1Mo 43,33

[104] 1Mo 44,3

[105] 1Mo 44,4-6

[106] 1Mo 44,12

[107] 1Mo 44,8

[108] 1Mo 42,21.24

[109] 1Mo 43,34

[110] 1Mo 44,13

[111] Ps 22,1

[112] 1Mo 31,19.20; es stehen hier sowohl im Hebräischen wie auch im Russischen zweimal hintereinander dieselben Wörter: ויגנב – ותגנב ; похитила – похитил.

[113] 1Mo 31,32

[114] 1Mo 44,9

[115] 1Mo 32,31

[116] 1Mo 44,16

[117] Dan 9,7

[118] Hebr 12,1

[119] 1Mo 44,31-33

[120] Joh 15,13

[121] 1Mo 45,1,2

[122] 1Mo 45,14

[123] Sach 12,10

[124] 1Mo 43,29

[125] 1Mo 43,30

[126] 1Kön 3,26

[127] Jer 3,20

[128] 1Mo 43,30

[129] Hebr 11,1

[130] 1Mo 43,30

[131] 1Mo 43,31

[132] 1Mo 44,1-2

[133] Jes 63,15

[134] 1Kor 2,11

[135] Ps 22,2

[136] »Höre, Israel!« siehe 5Mo 6,4-9

[137] Mi 4,12

[138] Jer 12,7

[139] Jes 49,15

[140] Lk 4,30

[141] Mt 15,24

[142] Apg 1,6

[143] 2Sam 7,12-14

[144] Mt 16,17

[145] Dan 7,13

[146] Lk 9,20.21

[147] Joh 4,8

[148] Mk 1,43.44

[149] Mk 5,43

[150] Mt 9,30

[151] Mk 5,19

[152] Ps 40,8.9

[153] Mt 16,17

[154] 3Mo 4,16-20

[155] Mt 12,6

[156] Hebr 8,5

[157] Joh 19,50

[158] Mt 27,24.25

[159] Gal 4,4

[160] Röm 11,33

[161] Röm 11,28

[162] Gal 1,16

[163] Mat 16,22-23

[164] 3Mo 20,26

[165] 4Mo 23,9

[166] 1Mo 42,16

[167] 1Kö 8,46

[168] Joh 19,17

[169] Sach 12,10.11

[170] 1Mo 44,16

[171] Sach 14,7

[172] Offb 21,4

[173] Joh 16,23

Kapitel 3

[174] 2Mo 19,5-6

[175] Eph 3,20

[176] 1Mo 25,32

[177] Midrash Bereshit Raba, par. 55

[178] Mt 20,22 (Luther, Zusatz: *»und euch taufen lassen mit der Taufe, mit der ich getauft werde?«*)

[179] Mt 26,39

[180] Mt 22,14 (Luther)

[181] 1Mo 22,16.18

[182] Ps 69,5

[183] Röm 4,17

[184] Seither fanden noch dreimal Wahlen statt, und auch diese Zeilen schreibe ich einige Tage vor den nächsten außerordentlichen Wahlen. Sie werden bei uns jetzt fast alle zwei Jahre nötig, anstelle der ordentlichen vier. Weil der Alltag von Tag zu Tag schwieriger wird, rufen sie immer weniger Emotionen und Erwartungen hervor. Uns bleiben immer weniger menschliche Hoffnungen. Israel nähert sich immer mehr dem Punkt, an dem wir nur noch auf Gott hoffen können. Wir beten auch heute für die Wahlen, doch damals warteten wir noch ungeduldig auf sie. Wir hofften auf den Abbruch des ungeheuerlichen, gegen Gott gerichteten »Friedensprozesses«, dessen blutige Rechnungen wir im Verlauf der letzten zwei Jahre fast täglich bezahlen müssen.

[185] Sach 4,6

[186] Jer 14, 8.9

[187] Lk 19,41

[188] 1Joh 1,1

[189] Mi 4,7

[190] Joh 11,1

[191] Hiob 40,1

[192] Joh 11,2

[193] Joh 12,3

[194] Lk 10,41

[195] Joh 11,3 (Luther)

[196] Joh 3,16

[197] Jer 31,3

[198] Lk 2,37

[199] Joh 11,4

[200] Joh 12,24

[201] Joh 11,6

[202] Hebr 11,1

[203] Jer 14,9

[204] 2Petr 3,8

[205] Joh 11,7

[206] Jes 52,8

[207] Joh 11,37

[208] Joh 11,21.32

[209] Joh 11,35

[210] Joh 11,38

[211] Joh 11,36
[212] Jes 43,7
[213] 2Petr 3,8
[214] Joh 11,38
[215] Ps 77,11
[216] Joh 11,39.40
[217] Röm 4,17
[218] siehe 2Könige 4,32-36
[219] 1Mo 1,3
[220] Mk 5,41
[221] Lk 7,14
[222] Joh 11,37
[223] 3Mo 21,10.11
[224] Joh 11,15
[225] Joh 11,42
[226] Joh 11,45
[227] Joh 12,9
[228] Röm 11,32
[229] Kol 2,13
[230] Röm 11,30
[231] 1Petr. 2,9
[232] Röm 11,28
[233] Jer 12,7
[234] Jes 62,10
[235] Sach 14,8
[236] Ez 37,13
[237] Jes 66,10
[238] Jes 60,14
[239] Hos 6,1
[240] Jes 49,9
[241] Hos 6,2
[242] Ez 48,35

Kapitel 4

[243] Offb 5,12
[244] Joh 1,29.36
[245] vgl. 5Mo 29,28
[246] 1Mo 22,14
[247] 2Mo 12,3.5-7
[248] Offb 5,6
[249] Mt 27,25
[250] Jes 53,7
[251] Joh 1,29 (Luther)
[252] 1Kor 2,13
[253] Röm 11,12
[254] Röm 11,15
[255] 2Kor 8,9
[256] Röm 11,33
[257] Apg 23,6
[258] 2Tim 1,3
[259] Röm 11,25
[260] Röm 11,26
[261] Röm 11,28
[262] Röm 11,17.18
[263] Apg 1,7
[264] Mt 16,21
[265] Joh 16,13
[266] Joh 12,24
[267] Mt 16,22
[268] Hebr 5,8
[269] Jes 53, 3-4
[270] Mt 27,39.40
[271] Joh 3,16
[272] 1Kor 1,23
[273] Röm 8,32
[274] Mt 27,43 vgl. Ps 22,5

[275] 3Mo 16,7-9.21-22
[276] Apg. 8,34
[277] Mt 2,15/Hos 11,1
[278] Hebr 5,8
[279] 1Mo 22,19
[280] 1Mo 24,62
[281] 1Mo 24,65
[282] Joh 18,6
[283] Ps 107,4.5.10
[284] Röm 5,10
[285] Röm 11,15
[286] Bereshit Raba, par. 56,10
[287] 1Mo 22,18
[288] 2Mo 4,22
[289] Hebr 12,2
[290] Hebr 12,2
[291] Röm 11,15